Bettina Lemke

Der größte Schatz liegt in dir selbst

Östliche Weisheit für ein inspiriertes Leben

dtv

Ausführliche Informationen über
unsere Autoren und Bücher
www.dtv.de

Dieses Buch ist auch als eBook erhältlich.

Die Autorin und der Verlag übernehmen keine Haftung für Schäden,
die sich aus der Anwendung der in diesem Buch vorgestellten Übungen
oder Empfehlungen ergeben.

Originalausgabe 2019
© 2019 dtv Verlagsgesellschaft mbH & Co.KG, München
Das Werk ist urheberrechtlich geschützt. Jede Verwertung ist nur mit
Zustimmung des Verlages zulässig. Das gilt insbesondere für
Vervielfältigungen, Übersetzungen und die Einspeicherung und
Verarbeitung in elektronischen Systemen.
Für Inhalte von Webseiten Dritter, auf die in diesem Werk verwiesen
wird, ist stets der jeweilige Anbieter oder Betreiber verantwortlich,
wir übernehmen dafür keine Gewähr. Rechtswidrige Inhalte waren
zum Zeitpunkt der Verlinkungen nicht erkennbar.
Umschlaggestaltung: Ruth Botzenhardt / buxdesign.de
Illustrationen: iStock.com, shutterstock.com
Satz: Nadine Clemens, München
Druck und Bindung: CPI books GmbH, Leck
Gedruckt auf säurefreiem, chlorfrei gebleichtem Papier
Printed in Germany · ISBN 978-3-423-34966-6

Für Dad

Wenn eine Hand
die andere hält ...

Inhalt

Nur wer die Ruhe kennt,
dem ist die Sorglosigkeit der Blumen
im leisen Lufthauch zu eigen und die Reinheit
des Schnees im Mondenschein.
Nur wer die Muße kennt,
kann die Veränderungen des Wassers
und der Bäume, des Bambus
und der Steine ermitteln.

HONG ZICHENG

Vorwort
Quellen der Weisheit

Nur wer sein Ziel kennt,

findet den Weg.

LAOTSE

Die östliche Weisheit ist eine schier unerschöpfliche Quelle, die tiefe Einsichten und Inspirationen zu philosophischen, ethischen sowie überaus lebenspraktischen Themen liefert und uns in der heutigen westlichen, von Rationalismus, Leistungsdenken und Hektik geprägten Welt Orientierung und Halt bieten kann.

Ob es um den Wunsch nach innerer Balance und Ruhe geht, die vielen Menschen im fordernden Alltag immer wieder abhandenkommen, um das Prinzip des Loslassens, um die Sehnsucht, Erfüllung und einen Sinn im Leben zu finden, oder um existenzielle Fragen etwa zum menschlichen Miteinander oder zu Vergänglichkeit und Tod – bei alten Meistern wie Konfuzius, La-otse oder Buddha sowie zeitgenössischen Vermittlern östlicher Weisheit wie etwa dem Dalai Lama, Drukpa Rinpoche, Thich Nhat Hanh oder Haemin Sunim fin-den wir wertvolle Anregungen und Hilfe.

Dieses Buch ist ein philosophisch-praktischer Le-bensbegleiter, der sich auf unterschiedliche Weise nut-zen lässt. So können Sie es von vorn bis hinten durch-lesen oder mithilfe des Inhaltsverzeichnisses gezielt ein bestimmtes Thema aufsuchen. Sie können das Buch aber auch einfach an beliebiger Stelle aufschlagen, um sich auf diese Weise inspirieren zu lassen.

Ganz gleich, wie Sie vorgehen, jede Lesart ist auf ihre Weise richtig, da die meisten Aspekte der östlichen Weisheit nicht isoliert voneinander zu betrachten sind. Wenn wir uns etwa mit innerer Ruhe und Achtsamkeit befassen oder mit dem Verweilen im Augenblick, so hat dies stets auch etwas mit Vergänglichkeit sowie der Überwindung des Egos zu tun, da all diese Themen – so wie alles, was auf dieser Welt geschieht – unmittelbar miteinander verflochten sind. Daher greifen die Kapitel ohne klaren Anfang oder eindeutiges Ende ineinander und können in unterschiedlicher Reihenfolge gelesen werden.

Ich wünsche Ihnen viel Freude und Inspiration bei Ihren Ausflügen in die Welt der östlichen Weisheit.

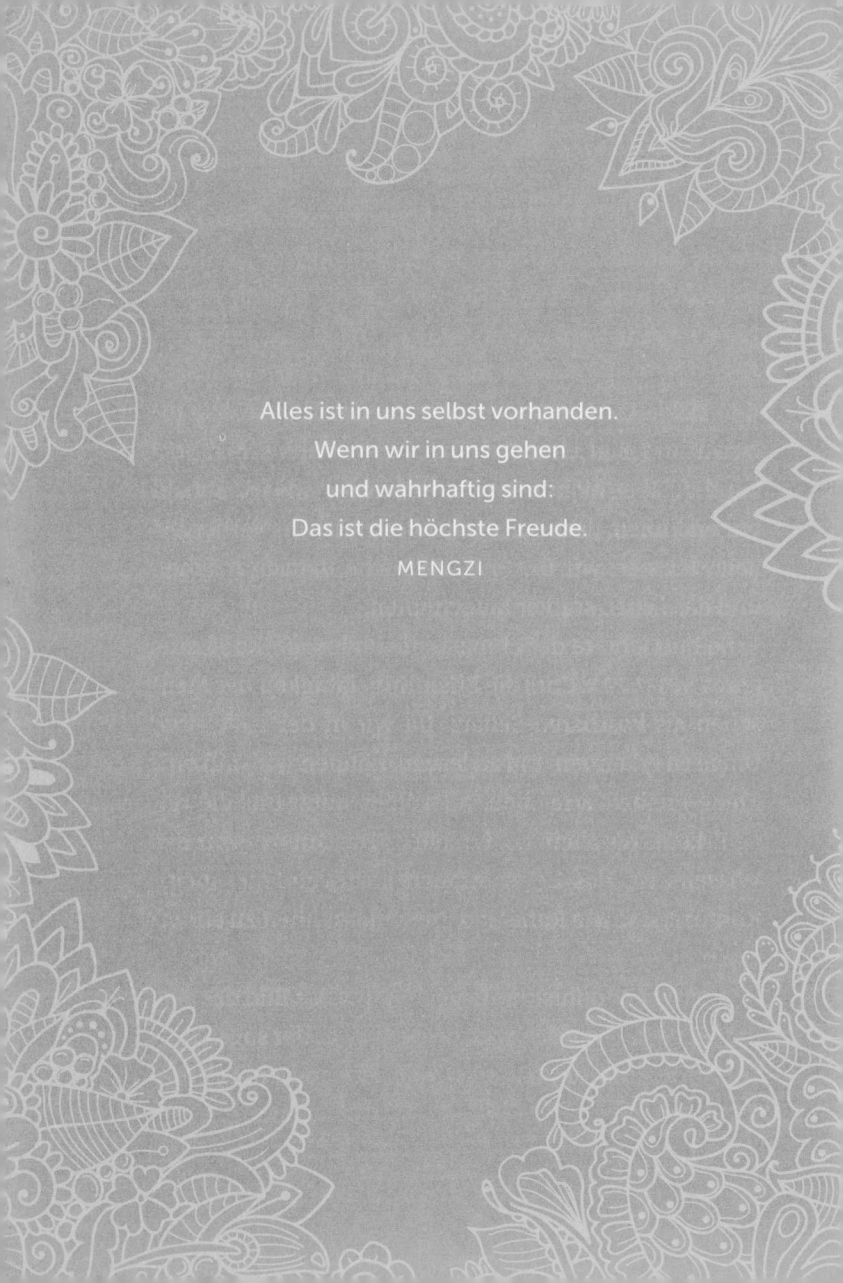

Alles ist in uns selbst vorhanden.
Wenn wir in uns gehen
und wahrhaftig sind:
Das ist die höchste Freude.
MENGZI

Der Schatz in uns

Wer sich mit östlicher Weisheit beschäftigt, stößt häufig auf das Bild eines Schatzes, der in uns selbst vorhanden, aber nicht immer sichtbar für uns ist. Sobald wir erkennen, dass ein solcher Schatz in uns verborgen liegt, können wir uns auf die Suche danach machen und das Leben stärker ausschöpfen.

So betrachtete der chinesische Philosoph Konfuzius (circa 551–479 v. Chr.) die Erkenntnisfähigkeit des Menschen als kostbaren Schatz. Da wir in der Lage sind, Dinge zu erkennen und zu lernen, können wir vollkommene Freiheit erreichen. Allerdings nutzt uns die reine Erkenntnis allein noch nichts. »Die Quintessenz des Wissens ist, das Erlernte auch anzuwenden«, meint Konfuzius, sowie Ruhe und Entschlossenheit zu entwickeln.

Auch im Buddhismus begegnet uns das Bild des verborgenen inneren Schatzes. Er besteht in der sogenannten Buddha-Natur, die jedem Menschen bereits innewohnt. Wir alle haben demzufolge das Potenzial, unseren Geist zu befreien, der von Natur aus rein und klar ist, indem wir die Schleier der Unwissenheit und Verblendung beseitigen, die den Pfad der Erkenntnis blockieren. Unsere Aufgabe besteht deshalb darin, die Kostbarkeit unseres menschlichen Lebens zu nutzen und den Schatz der eigenen Buddha-Natur freizulegen. Die Lehren des Buddha bieten uns dabei wertvolle Impulse für den Alltag. Sie helfen uns, zu entspannen, einen klaren Fokus im Leben zu entwickeln, besser mit Stress, negativen Emotionen und Problemen fertigzuwerden sowie Veränderungen zu meistern.

Letztlich führt der Weg zur Erkenntnis stets zu uns selbst zurück. Die verschiedenen Instrumente und Prinzipien östlicher Weisheit können uns wertvolle Anleitungen und Hilfestellungen auf diesem Weg bieten. Aber wir kommen nicht umhin, ihn selbst zu beschreiten. Wollen wir unsere drängendsten Probleme meistern und die essenziellen Fragen unseres Daseins klären, müssen wir unweigerlich nach innen schauen und uns auf uns selbst besinnen. Darin liegt sowohl eine spannende Herausforderung als auch eine wunderbare Chance.

Das große Tao ist formlos.
Es erzeugt und nährt Himmel und Erde.
Das große Tao ist frei von Emotionen.
Es regelt den Lauf von Sonne und Mond.
Das große Tao ist namenlos.
Es lässt die zehntausend Wesen und Dinge
wachsen und nährt sie.

Ich kenne seinen Namen nicht.
Wenn ich es benennen will, sage ich »Tao«.
QUINGJING JING

Das Tao –
die alles durchdringende Wirkkraft

Der Begriff des Tao (häufig auch »Dao« geschrieben) geht auf das um 550 vor Christus geschriebene ›Tao Te King‹ (›Das Buch vom Weg und seiner Kraft‹) zurück, das dem chinesischen Philosophen Laotse zugeschrieben wird. Er soll im sechsten Jahrhundert vor Christus gelebt haben, seine tatsächliche Existenz ist aber nicht eindeutig belegt.

Tao bedeutet wörtlich »Weg«, steht aber auch für die absolute Wirklichkeit und das höchste Prinzip des Lebens sowie für »den rechten Weg«. Darüber hinaus gilt es als allumfassendes, unergründliches Schöpfungsprinzip, aus dem die Welt sowie der gesamte Kosmos entstanden sind, und ist somit der Urgrund des Daseins und aller Erscheinungen.

Mit dem Tao ist das nicht manifeste, gestaltlose und absichtslose, alles verbindende und durchdringende Wirkprinzip gemeint sowie das höchste Ziel der Existenz, das den Dingen eine natürliche Ordnung verleiht. Diese Allem immanente Wirkkraft führt alles Lebendige auf dem Weg zur Vollendung.

Das Tao ist auch die Ursache für die polaren Kräfte Yin und Yang. Durch das Zusammenspiel dieser Gegensätze kommt es zu Wandel, Bewegung und zur Entstehung der Welt. Obwohl das Tao jeglichen Wandel verursacht und das gesamte Weltall durchdringt, ist es selbst frei von Aktivität und greift nicht in den Lauf der Welt ein. Der Kosmos ist vielmehr ein Organismus, der sich auf eine natürliche Weise ständig wandelt und weiterentwickelt.

Das Tao umfasst sowohl die Dualität der materiellen Welt als auch die transzendente Welt, die über die Dualität hinausgeht. Überdies bezieht es sich sowohl auf die Leere beziehungsweise das Nichtsein als auch auf das Sein oder Dasein. Aufgrund des paradoxen Gegensatzes, den es in sich vereint, dem gleichzeitigen Sein und Nichtsein, ist es letztlich nicht fassbar.

Da das Tao etwas so Großes ist, heißt es im ›Tao Te King‹, es sei im Grunde »unsagbar« und ließe sich mit den Instrumenten der Sprache nicht erfassen. Entsprechend dieser Auffassung können Beschreibungen des Tao jeweils nur darauf verweisen.

Jeder und alles hat sein eigenes Tao. Da es als ordnendes Prinzip wirkt, sollte man versuchen, es durch eigene Absichten und Handlungsweisen nicht zu stören, sondern nach Möglichkeit in Übereinstimmung damit zu leben.

Die große Leere

Die große Fülle ist wie leer
und damit unerschöpflich.
LAOTSE

Die Qualitäten des Tao (s. a. S. 19), an denen sich das rechte Handeln des Menschen orientieren sollte, umfassen unter anderem die Stille, die Einheit oder Einfachheit sowie das zentrale Prinzip der Leere. Erst im Leersein bietet sich für das unendliche Tao die Möglichkeit, alle Erscheinungen des Kosmos im Keim in sich zu tragen. Da das Tao an sich leer ist, kann es alles Existierende umfassen und durchdringen.

Für uns Menschen bedeutet diese Leere, alles loszulassen und an nichts anzuhaften. Weder an Gedanken und Gefühlen, noch an Wünschen und Sorgen. Erreicht unser Geist einen Zustand absoluter Ruhe und Leere und ist er vollkommen frei von Anhaftung an weltliche Dinge, ist er rein und klar und im Einklang mit dem Tao.

Allerdings ist es ein sehr hohes Ziel, diese vollkommene Leere zu erreichen. Doch selbst wenn wir nicht gleich einen meditativen oder gar erleuchtungsähnlichen Zustand anstreben, können wir uns im Alltag am Prinzip der Leere orientieren. Grundsätzlich geht es darum, jedem Moment mit einem frischen Geist neu zu begegnen, anstatt ihn mit Erinnerungen und Gefühlen aus der Vergangenheit zu befrachten und mit vorgefassten Meinungen, Urteilen oder Dogmen zu beeinflussen. Wenn wir uns darin üben, lösen wir uns von unseren Gedanken an die Vergangenheit oder die Zukunft und reagieren unmittelbar auf den Augenblick mit all seinen Erfordernissen. So schenken wir uns die Möglichkeit, unvoreingenommen zu agieren und dem Fluss des Lebens (s. a. S. 25), dem wir selbst ebenfalls angehören, seinen natürlichen Lauf zu lassen, ihm vollkommen zu vertrauen und im Zuge dessen auch unsere eigene Natur bedingungslos anzunehmen. Dies entspricht einem zentralen Prinzip des Taoismus, dem »Wu-wei«. Dieser chinesische Begriff bedeutet wörtlich »Nichthandeln«, »ohne Handeln« und steht für ein absichtsloses, selbstloses Verhalten, das der Natur ihren Lauf lässt und nicht dagegen agiert. Mit »Nichthandeln« ist also keine Untätigkeit oder Passivität gemeint, sondern vielmehr ein selbstloses Handeln, das auf innerer Ruhe und Leere basiert und die allumfassende Ordnung respektiert. Wenn wir uns gemäß des

Prinzips des Wu-wei verhalten, fügen wir uns in den Wandel des Kosmos ein, unterstützen ihn in seinen Gesetzmäßigkeiten und erlangen so einen Zustand der Harmonie mit der Natur.

Die Ruhe führt zur Leere,
und diese Leere ist Fülle und Erfülltsein.
Diese Leere schenkt der Seele Frieden
und sorgt dafür, dass jede vorgenommene
Handlung erfolgreich ist.
ZHUANGZI

Der Fluss des Lebens

Die weisen Taoisten sagen, dass wir uns im Strom
des Lebens befinden und nichts anderes zu tun haben,
als ihm seinen Lauf zu lassen. Jeder Versuch,
den Strom aufzuhalten, ist sinnlose Energie-
verschwendung. Wer gegen den Strom schwimmt,
ertrinkt. Außerdem sagen die Taoisten:
»Folgt dem Strom des Lebens, kanalisiert ihn,
und er wird euch in die richtige Richtung tragen.
Ohne weitere Schwierigkeiten könnt ihr auf diese Weise
aus den Dingen euren Nutzen ziehen.«

MEISTER NAN HUAI CHIN

Nach taoistischem Verständnis hat jedes Geschöpf und
jedes Ding sein eigenes Wesen sowie seinen eigenen
Weg, der durch stetiges Fließen, ständige Bewegung
und Wandlung geprägt ist. Aufgrund seiner Natur
gleicht der Pfad dem Lauf des Wassers. Dieses ist immer im Fluss, sucht sich dabei den Weg des geringsten
Widerstandes und fließt um jegliche Hindernisse herum, um danach unbeirrt weiterzuströmen. Es passt
sich jeweils den Verhältnissen an, gibt nach, wo es nö-

tig ist, bewahrt dabei jedoch stets seinen eigenen Charakter.

Das schöne Bild des flexibel dahinströmenden Wassers veranschaulicht, wie wir uns dem Taoismus zufolge als Menschen verhalten sollten, um mit dem Tao in Einklang zu kommen. Wenn wir flexibel, anpassungsfähig und sanftmütig sind sowie offen für den gegenwärtigen Moment – den jeweils einzigen Augenblick, in dem das Tao sich uns offenbaren kann –, wird auch unser Leben mühelos dahinfließen und sich entfalten. Bei aller Anpassungsfähigkeit bleiben wir dennoch stets vollkommen wir selbst, denn nur wenn wir unserem wahren Wesen gemäß leben, entfaltet sich unsere ureigene Kraft sozusagen aus unseren naturgegebenen Anlagen heraus.

Auch in diesem Zusammenhang kann uns das Bild des Wassers zur Veranschaulichung dienen: Das Wasser bleibt immer weich – dies entspricht seinem Wesen. Es weicht aus, passt sich an, ist aber letztlich stärker als alles Harte. So beschreibt es auch Laotse:

Auf der Welt gibt es nichts,
was weicher und dünner ist als Wasser.
Doch um Hartes und Starres zu bezwingen,
kommt nichts diesem gleich.

Seine Kraft entwickelt das Wasser mühelos, da es sich seiner Natur entsprechend verhält.

Auch wir Menschen müssen keine besondere Mühe aufwenden und uns nicht sonderlich anstrengen, um unsere Anlagen zu entwickeln, wenn wir im Einklang mit unserem Wesen sind, da alles bereits in uns vorhanden ist. Die Kraft kommt aus uns selbst heraus. Und in Übereinstimmung mit dem Tao führt der Weg uns dem Taoismus zufolge zu unserer wahren Verwirklichung und Bestimmung.

Im Einklang mit dem Kosmos

Der Körper fließt wie das Wasser in der Strömung,
immer neu und immer frisch.
Ohne Bindungen und ohne Spur
folgt er der kosmischen Ordnung,
wie er dem Strom des Lebens folgt.
Dies ist die eigentliche Freiheit.
MEISTER TAISEN DESHIMARU

Wenn Sie prüfen wollen, ob Sie im Einklang mit dem Fluss des Lebens sind (s. a. S. 25), sollten Sie der Lehre des Taoismus zufolge beobachten, ob Ihre persönliche Situation sich für Sie harmonisch anfühlt, ob Sie mit sich und der Welt in Balance und im Reinen sind. Dieses

Gefühl der Harmonie mit dem Kosmos ist ein guter Gradmesser für das Gleichgewicht des Lebens. Herrscht zu starke Disharmonie, sollten Sie den Blick aufmerksam auf Ihre Situation richten und Ihr Verhalten hinterfragen.

Versuchen Sie vielleicht zu sehr, etwas zu erzwingen? Agieren Sie zu häufig auf eine Weise, die Ihrem ureigenen Wesen nicht entspricht? Verhalten Sie sich anderen Menschen gegenüber flexibel, nachsichtig, uneigennützig und wohlwollend? Wie kann es Ihnen gelingen, sich harmonisch im Fluss des Lebens zu bewegen?

Aufgehen in der Natur

Im Äußerlichen begreife ich
das Wesen der Schöpfung. Innerlich erfasse ich
die Quelle meiner Seele.

CHANG TSAO

Falls es Ihnen im Alltag schwerfällt, ein Gefühl dafür zu entwickeln, ob Ihr Leben harmonisch und im Fluss ist, können Sie sich diese Fragen in der Natur stellen. Die Natur gilt im Taoismus als Ort, an dem die universelle Ordnung und Harmonie, das Wirken des Tao, erfahrbar wird.

Der Mensch ist Teil der Natur und somit ein Mikrokosmos im großen Makrokosmos. Auf beide wirken die gleichen Kräfte. Alle Elemente im Kosmos werden vom Tao durchdrungen und stehen miteinander in Resonanz.

Wenn Sie sich in der Natur aufhalten und sich achtsam voll und ganz dem Moment und Ihrer Umgebung hingeben, können Sie sich gemäß der taoistischen Lehre intensiv als Teil des Kosmos wahrnehmen und alles Trennende auflösen. Gehen Sie vollkommen in Ihrem

Umfeld auf. Lassen Sie sich innerlich von dem erfüllen, was Sie im Außen wahrnehmen.

Spüren Sie die starke Wuchskraft eines großen Baumes, der mit seinem Stamm fest im Boden verwurzelt ist. Werden Sie eins mit ihm. Lassen Sie sich von seiner Kraft durchströmen. Nehmen Sie überdies die Beweglichkeit seiner Blätter und Äste wahr, die sich sanft im Wind wiegen. Recken Sie sich innerlich dem Licht entgegen, so wie der Baum, der mit seiner Krone zum Sonnenlicht hin wächst. Verankern Sie sich mit den Füßen gleichzeitig fest auf dem Boden und spannen Sie eine Brücke zur Unendlichkeit des Himmels. Genießen Sie die wunderbare Schönheit der Natur mit all ihrem Licht, den Schattenspielen, den Farben und Formen, den Düften und Geräuschen und dem Zyklus des ewigen Werdens und Vergehens.

Wenn Sie innerlich zur Ruhe gekommen sind und das Gefühl haben, harmonisch auf die Natur eingeschwungen zu sein, können Sie erneut Innenschau halten und sich fragen, ob Sie mit sich und der Welt im Reinen sind oder ob in manchen Bereichen eine allzu große Dissonanz herrscht. Vielleicht spüren Sie, wo Sie nicht im Fluss sind und sich neu ausrichten sollten.

Prüfen Sie vor allem, ob die Art, wie Sie Ihr Leben führen, Ihrem ureigenen Wesen entspricht. Passt Ihr beruflicher Weg gut zu Ihnen? Können Sie Ihre Fähigkeiten und Neigungen einsetzen und fühlen Sie sich in Ihrem Arbeitsumfeld insgesamt wohl? Sind die Dinge in Ihrem Privatleben im Lot? Und falls nicht, wo hakt es? Genießen Sie Ihre Zeit mit Familie und Freunden? Ist Ihre Freizeit ausgefüllt? Gehen Sie womöglich ganz in einem Hobby oder bei sozialen Aktivitäten auf, im Kreis von Freunden?

Wir können in verschiedensten Bereichen im Fluss sein, ob in der Rolle als Eltern, als Lehrer, als Schüler, bei kreativen Betätigungen, beim Tüfteln über mathematischen Gleichungen, bei der Umsetzung verschiedenster Projekte. Beobachten Sie genau, was Sie erfüllt und ein inneres Strömen bei Ihnen auslöst beziehungsweise, auf welche Weise Sie zu einer größeren Balance und Harmonie gelangen können.

Nehmen Sie zum Abschluss Ihres Ausflugs Ihre Erkenntnisse sowie die Energie der Natur bewusst mit nach Hause und nutzen Sie jede Gelegenheit zurückzukehren, um neue Kraft zu tanken und wieder zu sich selbst zu finden.

Wenn sich der Geist eines Menschen
im Zustand vollkommener Ruhe
und Ausgeglichenheit befindet,
spiegelt sich in diesem Menschen
auf perfekte, harmonische Weise
das gesamte Universum wider.

MEISTER TAISEN
DESHIMARU

Die Kraft des Tao
bei Entscheidungen nutzen

Wer das Ziel kennt, kann entscheiden,
wer entscheidet, findet Ruhe,
wer Ruhe findet, ist sicher,
wer sicher ist, kann überlegen,
wer überlegt, kann sich verbessern.

KONFUZIUS

Sie können die Kraft des Tao auch ganz konkret für Entscheidungsprozesse nutzen. Wenn Sie sich nicht sicher sind, wie Sie sich in einer Situation oder angesichts eines Problems verhalten sollen, sich gedanklich im Kreis drehen und nicht so recht weiterkommen, können Sie das Tao befragen.

Innere Sammlung

Achten Sie im ersten Schritt darauf, innerlich ruhig und entspannt zu sein, damit Sie im Einklang mit dem Tao sind. In den Kapiteln »Die große Leere« (s. S. 22), »Im Einklang mit dem Kosmos« (s. S. 28) sowie »Aufgehen in der Natur« (s. S. 30) finden Sie ausführliche Erläuterungen dazu, wie Sie diesen Zustand erreichen. Sie können in jedem Fall auch eine Atem- und Entspannungsmeditation (s. »Ruhe finden«, S. 44) oder eine Achtsamkeitsübung (s. »Reines Gewahrsein üben«, S. 86) durchführen, um Ihren Geist zu beruhigen und zu klären. Wenn Sie innerlich gesammelt sind, gehen Sie zum nächsten Schritt über.

Fragen an das Tao richten

Richten Sie Ihre Frage direkt an das große Tao, das allem zugrunde liegt und den gesamten Kosmos durchdringt. Fragen Sie, ob die Entscheidung, die Sie in Erwägung ziehen, im Sinne des Tao ist. Beziehungsweise, ob sie dazu führen wird, dass Sie mit dem Tao im Einklang bleiben. Achten Sie aufmerksam darauf, welches Gefühl sich bei Ihnen einstellt. Spüren Sie, ob Ihr geplanter Entschluss sich für Ihr Leben stimmig und harmonisch anfühlt.

Resonanz spüren

Da das Tao auch in Ihnen wirksam ist, können Sie die Frage ebenso an sich selbst richten, falls Ihnen das mehr entspricht. Manche Menschen finden auf diese Weise eher zu einer klaren Antwort. In diesem Fall könnten Sie Ihre Fragen folgendermaßen formulieren:

- Entspricht mir diese Entscheidung tatsächlich?
- Bin ich mit dieser Entscheidung im Einklang mit mir selbst?
- Bleibt mein Leben harmonisch im Fluss, wenn ich meine Entscheidung so treffe?

Falls Sie zwischen verschiedenen Entscheidungsmöglichkeiten wählen müssen, gehen Sie diese nacheinander durch. Wenn Sie aufmerksam in sich hineinhören und sich dem Tao anvertrauen, können Sie mit etwas Übung spüren, ob eine der angedachten Entscheidungen in Ihrem Inneren auf Resonanz stößt.

Die Reise nach Shambhala

Einst machte sich ein junger Mann in Tibet auf, um das sagenumwobene Reich Shambhala zu finden. Nachdem er auf seiner langen Wanderung voller Entbehrungen und Strapazen mehrere Gebirgszüge überwunden hatte, erreichte er schließlich die Höhle eines Einsiedlers. Dieser erkundigte sich bei dem jungen Mann danach, aus welchem Grund er durch diese schneebedeckte unwirtliche Landschaft wanderte.

Der Wanderer erklärte dem Einsiedler: »Ich möchte unbedingt das mythische Königreich Shambhala finden.«

Daraufhin antwortete ihm der Eremit: »In diesem Fall musst du nicht weiterwandern, denn das Reich von Shambhala liegt in deinem Herzen.«

Eine Geschichte aus Tibet

Die Natur des Geistes lässt sich mit
dem Ozean oder dem Himmel vergleichen.
Die nicht endende Bewegung der Wellen an
der Meeresoberfläche verwehrt uns den Blick
in die Tiefe. Wenn wir in ihn eintauchen,
sind keine Wellen mehr vorhanden, nur noch
die ungeheure Gelassenheit des Grundes.
Die Natur des Ozeans unterliegt keinem Wandel.
Schauen wir uns den Himmel an.
Manchmal ist er klar, von keinem Wölkchen getrübt.
Dann wieder türmen sich Wolken auf,
und schon nehmen wir ihn anders wahr.
Dennoch verändern die Wolken nicht die Natur
des Himmels. Der Geist ist nichts, es sei denn
ebendiese vollkommen freie Natur.
Verweilen wir in der natürlichen Einfachheit
des Geistes jenseits aller Vorstellung.

PEMA WANGYAL RINPOCHE

Der klare Geist

Das Zitat von Pema Wangyal Rinpoche veranschaulicht sehr schön die grundlegende buddhistische Vorstellung des menschlichen Geistes. Dieser ist wie der tiefe ruhige Meeresgrund oder der Himmel. Im Gegensatz zu all den vorüberziehenden Gedanken, Emotionen, Erinnerungen, Ängsten und Wünschen, die unablässig durch den Geist rasen wie die unsteten Wellen an der Meeresoberfläche oder die flüchtigen Wolken am Himmel, ist er in der Lage, alles zu erkennen und uns die Fähigkeit zu verleihen, sowohl all die wechselhaften Gefühle und Gedanken in unserem Inneren als auch die äußere Welt wahrzunehmen.

Diese Bewusstseinsqualität ist stets vorhanden, sie wird nicht von den Emotionen beeinträchtigt. Sie ist quasi neutral. Der Buddhist und Autor Matthieu Ricard vergleicht sie mit einem Lichtstrahl, der ein hasserfülltes oder lächelndes Gesicht, einen Edelstein oder einen Müllhaufen erhellen kann. Das Licht selbst ist dabei im

Gegensatz zu den Objekten, auf die es fällt, weder von Hass noch von Liebe erfüllt, weder rein noch verschmutzt. Es ist nichts als das Licht.

Atmen und handeln im Hier und Jetzt

Es gibt weder Vergangenheit noch Zukunft.
Was immer du tust, du tust es immer hier und jetzt.
Der Augenblick ist der einzige Ort der Erfahrung,
an dem du das Leben packen, erleben, spüren kannst.
Vergangenheit und Zukunft sind nichts
als Traumgebilde, und sie sind so ungreifbar
wie Nebelschwaden. Lerne,
aus dem Augenblick heraus zu handeln,
wenn du dein Leben ändern willst.

DRUKPA RINPOCHE

Unser Leben beginnt nach der Geburt mit dem ersten Atemzug und endet mit einer letzten Ausatmung. Jedes Mal, wenn wir einatmen, werden wir neu geboren. Mit dem Kreislauf des Atems entsteht und vergeht das Leben stets aufs Neue. Jede Einatmung ist die Voraussetzung für das gesamte Leben, und in jeder Ausatmung ist eine Ahnung des Todes enthalten. Wie der Atem, so kommt und geht auch jeder Augenblick. Jeder einzelne Moment ist einzigartig, und ist er vorbei, gehört er unwiederbringlich der Vergangenheit an.

Wir können jeweils nur im gegenwärtigen Augenblick leben. Wir können »den Atemzug von vorgestern nicht wiederholen und [...] auch nicht für morgen voratmen«, wie Abt Muho in seinem Buch ›Ein Regentropfen kehrt ins Meer zurück‹ schreibt. Dennoch gehören Vergangenheit und Zukunft zur Gegenwart dazu. Das widerspricht dem Verständnis des Hier und Jetzt keineswegs. Es geht beim Leben im Moment weder darum, Vergangenes auszublenden, noch sich nicht um die Zukunft zu kümmern. Vielmehr sollten wir uns bewusst machen, dass wir unser Leben immer nur im gegenwärtigen Moment ändern können. Wenn wir im Jetzt etwas tun, wird es in der Zukunft möglicherweise Früchte tragen. Abt Muho bringt diese Erkenntnis mit einem schönen Bild zum Ausdruck: »Wenn die Zukunft eine Blume ist, dann muss ich *jetzt* ihren Samen säen. Wachsen wird die Blume dann auf dem Boden, den die Vergangenheit bereitet hat.«

Im Jetzt aktiv werden, um die Zukunft zu gestalten, ist die einzige Möglichkeit, die wir haben. Es bringt nicht viel, immer wieder zu bedauern, in der Vergangenheit etwas versäumt zu haben. Es ist müßig und wird das Vergangene nicht mehr verändern. Lediglich in jedem gegenwärtigen Augenblick können wir das Leben neu erfahren und gestalten, sobald wir uns auf das Jetzt ausrichten. Tun wir dies mit größter Aufmerksamkeit und Achtsamkeit, können wir wahrhaftig zum Leben erwachen und es voll ausschöpfen.

Ruhe finden

Lass deinen Geist still werden
wie ein Teich im Wald.
Er soll klar werden wie Wasser,
das von den Bergen fließt.
Lass trübes Wasser zur Ruhe kommen,
dann wird es klar werden.
Und lass auch deine schweifenden Gedanken
und Wünsche zur Ruhe kommen.
Denn dann erkennst du, was für dich wichtig ist.
Geh in deine Mitte, denn dann ahnst du,
was die göttliche Mitte der Welt ist.

BUDDHA

Eine der elementarsten Entspannungsübungen, um von Stress und Hektik abzuschalten und den Geist zur Ruhe zu bringen, ist die Beobachtung des eigenen Atems. Das lehrte bereits Buddha. Zum einen nehmen wir auf diese Weise bewusst uns selbst wahr, da wir spüren, wie die Luft in unseren Körper ein- und ausströmt. Zum anderen halten wir unseren Geist dazu an, sich auf den gegenwärtigen Moment auszurichten, anstatt unstet umherzuschweifen, sich mit Sorgen und Problemen zu befassen und in der Vergangenheit oder der Zukunft zu verweilen. Die Ausrichtung auf den Atem ist eine eigenständige Technik, dient aber ebenfalls als Basis für viele andere Achtsamkeitsübungen. Denn zum Atem können wir stets zurückkehren, um uns zu sammeln und neu auszurichten.

Atemmeditation

Setzen Sie sich bequem auf einen Stuhl. Wenn Sie das vorziehen, können Sie auch in einer typischen Meditationshaltung – zum Beispiel mit gekreuzten Beinen – auf einem Kissen auf dem Boden sitzen. Der Rücken ist gerade, die Hände liegen locker auf den Schenkeln. Entspannen Sie Ihre Schultern und Arme sowie Nacken und Kiefer. Halten Sie die Augen halb geschlossen, den Blick leicht nach unten gerichtet, ohne sich auf etwas zu fokussieren. Falls es Ihnen angenehmer ist oder Sie dann weniger abgelenkt sind, können Sie die Augen auch schließen.

Richten Sie Ihre Aufmerksamkeit nun auf den Atem. Atmen Sie entspannt ein. Spüren Sie, wie die Luft durch

Ihre Nase einströmt, wie Ihr Brustkorb sich hebt und wie sich schließlich auch Ihr Bauchraum ausdehnt.

Atmen Sie dann ruhig durch die Nase oder den Mund wieder aus. Beobachten Sie, wie Bauch und Brustkorb sich wieder senken, und spüren Sie die Luft, die aus Ihrer Nase oder dem Mund ausströmt. Lassen Sie den Atem ganz natürlich kommen und gehen, und folgen Sie dem Atemfluss in Ihrem Körper.

Wenn der Atem harmonisch und entspannt fließt, richten Sie Ihre Aufmerksamkeit zusätzlich auf die kurze Pause zwischen Einatmung und Ausatmung.

Der Atem strömt sanft, entspannt und frei. Folgen Sie ihm mit einem wachen Geist und kosten Sie die Ruhe aus, die sich mit jedem Atemzug mehr und mehr einstellt.

Falls Sie feststellen, dass Ihre Gedanken abschweifen, führen Sie diese sanft wieder zu Ihrem Atem zurück.

Schließen Sie die Übung mit einer Ausatmung ab.

Den Gedankenstrom verändern

Dein wahrnehmender Geist besitzt von Anfang an
die Eigenschaft leuchtender Klarheit.
Doch färbst du sein klares Licht durch dein Anhaften.
Dies ist nicht zu begreifen, und viele verstehen es nicht.
Sie schulen sich nicht in bewusster Achtsamkeit.
Doch dieser Geist, leuchtend und klar,
ist seinem Wesen nach frei von Anhaftung,
denn er sieht das Kommen und Gehen
der Erscheinungen. Das ist es, was du erkennen solltest.
Dein Ziel sollte daher sein,
dich in bewusster Achtsamkeit zu schulen.

BUDDHA

Der Buddhismus lehrt Folgendes: Mithilfe von Achtsamkeit können wir unsere Aufmerksamkeit gezielt
ausrichten und so den Strom unserer Gedanken, Erinnerungen und Erfahrungen verändern. Aufgrund des
lichthaften Aspekts unseres Bewusstseins, der wie der
tiefe Boden des Ozeans allem zugrunde liegt (s. a. S. 39),
können wir ruhig beobachten, was in unserem Geist geschieht, ohne uns davon beeindrucken oder berühren

zu lassen, und die Erfahrung dieser Erlebnisse verändern. Wenn wir uns etwa in der Meditation (s. S. 79) gezielt von unseren Gedanken entkoppeln, transformieren wir sie, sodass sie nicht mehr positiv oder negativ, angenehm oder leidvoll erscheinen. Diese Aspekte lösen sich vielmehr auf, da wir sie entspannt aus einer Beobachterrolle betrachten.

Aus dieser Position des Beobachters heraus können wir unsere Gedanken vorbeiziehen lassen, ohne dagegen anzugehen oder sie zu bewerten. Wir akzeptieren ihr Kommen und Gehen und üben uns auf diese Weise darin, sie loszulassen. Durch unsere fokussierte Ausrichtung beruhigen wir unseren Geist und erreichen eine Haltung der Gelassenheit sowie innere Freiheit. Wir versuchen in diesem Zustand nichts zu beeinflussen oder unserem Willen zu unterwerfen und lösen uns von der Vorstellung, etwas müsse auf eine bestimmte Weise geschehen oder irgendwie sein. Wir nehmen einfach wahr, was geschieht, und lassen die Gedanken aufsteigen und wieder weiterziehen. Wir erkennen, dass sie so wie unsere Emotionen und alle äußeren Erscheinungen im Fluss des Lebens einem ständigen Wandel unterworfen sind. Zudem fördern wir durch das ruhige Beobachten unsere innere Balance.

Bist du gestresst,
nimm den Stress bewusst wahr.
Ärgerst du dich,
nimm die Verärgerung bewusst wahr.
Bist du zornig, nimm den Zorn bewusst wahr.
Sobald dir diese Gefühle bewusst sind,
bist du ihnen nicht mehr ausgeliefert.
Dein Gewahrsein ermöglicht dir,
sie von außen zu sehen.
Das Gewahrsein an sich ist rein –
wie der offene Himmel.
Stress, Ärger und Zorn können zwar den Himmel
vorübergehend mit Wolken verdecken,
doch niemals ihn selbst
in seiner Klarheit beeinträchtigen.
Negative Gefühle kommen und gehen wie Wolken,
doch der weite, offene Himmel bleibt.

HAEMIN SUNIM

Freiheit durch Loslassen

Die Dinge loszulassen
bedeutet nicht, sie loszuwerden.
Sie loslassen bedeutet,
dass man sie sein lässt.

JACK KORNFIELD

Tiefes Loslassen bedeutet dem Buddhismus zufolge nichts anderes, als die Realität so anzunehmen, wie sie ist, und nicht an irgendetwas festzuhalten. Wenn wir nicht mehr an den Dingen anhaften – und sei es auch nur für einen kurzen Moment –, eröffnet sich uns ein endloser leerer Raum, der uns zu wahrer Freiheit führt. Dieser Raum ist frei von bestimmten Vorstellungen und Bewertungen. Er beschert uns innere Ruhe und Gelassenheit und lässt uns die Weisheit unseres Geistes erkennen.

Üben wir uns regelmäßig darin, wahrhaft loszulassen, um eine Ahnung von dieser Freiheit zu erhaschen.

Der Körper –
so unbeständig wie Frühlingsnebel,
Der Geist –
so immateriell wie der leere Himmelsraum,
Die Gedanken –
so flüchtig wie eine kurze Brise:
Diese drei Dinge
behalte ständig im Sinn.

GYALWA GODRAGPA

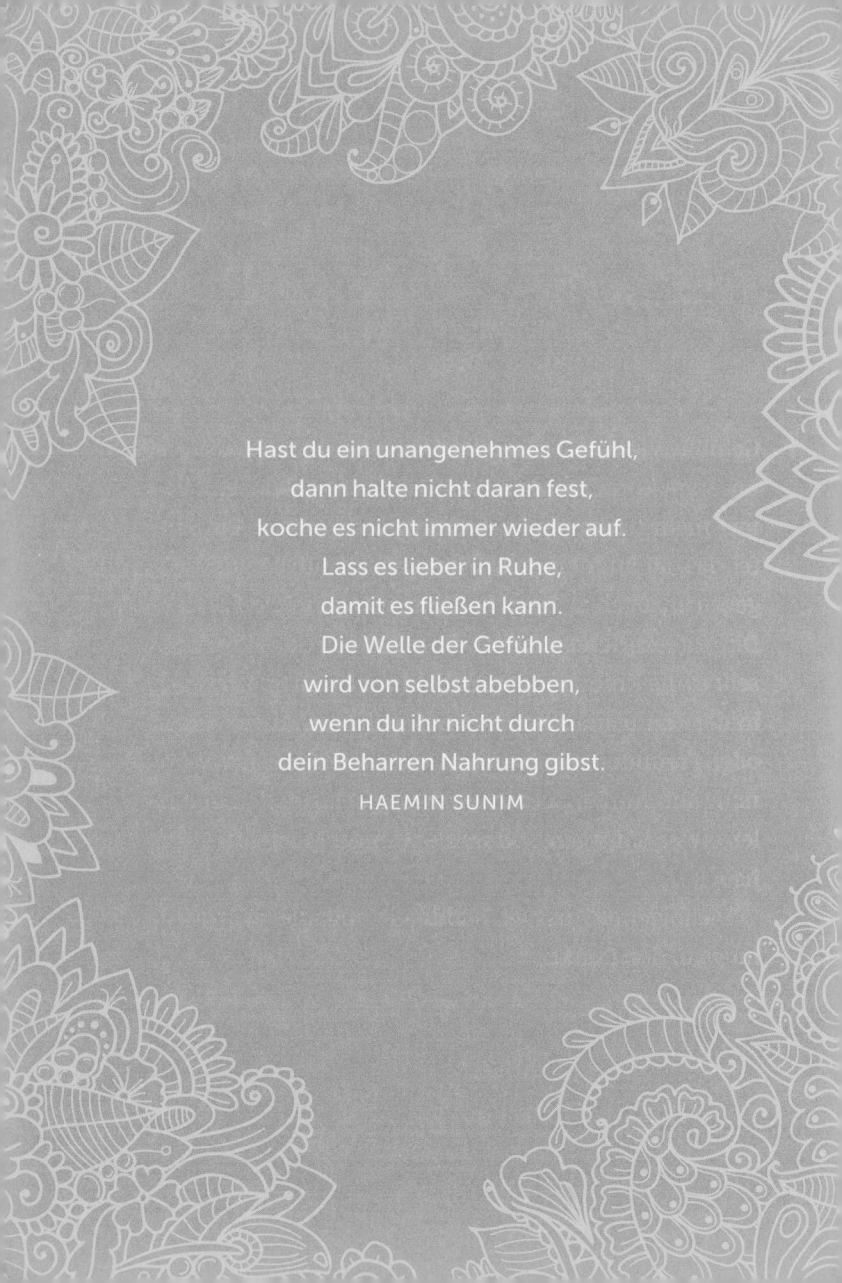

Hast du ein unangenehmes Gefühl,
dann halte nicht daran fest,
koche es nicht immer wieder auf.
Lass es lieber in Ruhe,
damit es fließen kann.
Die Welle der Gefühle
wird von selbst abebben,
wenn du ihr nicht durch
dein Beharren Nahrung gibst.
HAEMIN SUNIM

Belastende Gefühle bewältigen

Gefühle wie Wut, Frust oder Trauer können wie Gifte in unserem Körper wirken, wenn sie sich schleichend immer mehr Raum in unserem Inneren erobern. Ein Mittel, das der Buddhismus uns empfiehlt, um bewusst dagegen anzugehen, besteht darin, uns gezielt auf andere Dinge auszurichten, bevor die negativen Gefühle uns zu sehr in die Knie zwingen. Sobald wir einen Spaziergang in der Natur machen, uns mit geliebten Angehörigen oder Freunden austauschen oder auch nur die Wohnung aufräumen, setzen wir diesen belastenden Gefühlen etwas entgegen, sodass sie weniger Macht über uns haben.

Die folgende Aussage Buddhas bringt diese Empfehlung auf den Punkt:

Denken wir an etwas Bestimmtes,
so sind diese Gedanken manchmal negativ,
voller Wut und Verblendung. Wenn wir uns
von diesen frei machen wollen, müssen wir uns auf
etwas anderes konzentrieren, etwas, das heilsam
und gut ist. So wie ein geschickter Zimmermann
einen krummen Nagel mit einem geraden Nagel aus
dem Holz treibt, so werden die negativen Gedanken
verschwinden, wenn wir so vorgehen. Sind sie
verschwunden, wird unser Geist wieder friedvoll,
gesammelt und konzentriert.

Noch ein Hinweis: Wenden wir uns bei schlechter Laune liebevoll anderen Menschen zu, indem wir ihnen zum Beispiel unsere Hilfe bei einem *ihrer* Probleme anbieten, verändert sich unser Blickwinkel sofort, und wir haben kaum noch Gelegenheit, in unserer eigenen negativen Gemütsverfassung hängen zu bleiben.

Mit diesem kleinen Trick handeln wir überaus im Sinne des Buddhismus, da wir anderen Menschen mitfühlend und wohlwollend begegnen, und gleichzeitig tun wir uns selbst etwas Gutes, da unsere schlechte Stimmung sich innerhalb kürzester Zeit auflöst. Wenn das keine Win-win-Situation ist.

Schluss mit dem ewigen Jammern

Es ist besser,
ein Licht zu entzünden,
als auf die Dunkelheit
zu schimpfen.
KONFUZIUS

Kennen Sie auch Menschen, die sich ständig über alles Mögliche beklagen? Über nervige Arbeitskollegen, rücksichtslose Leute in der U-Bahn oder im Supermarkt, den gereizten Partner, die quengelnden Kinder ... Oder die immer wieder darüber jammern, dass der Alltag stets hektischer wird, die Leute unfreundlicher werden, die Welt insgesamt so schlecht ist, die Krisen überall zunehmen. Haben Sie vielleicht sogar selbst eine Neigung zum Jammern? Machen Sie immer wieder dieselben Dinge zum Thema, über die Sie sich dann stundenlang auslassen, ohne letztlich aktiv zu werden, um an der jeweiligen Situation etwas zu verändern?

Es ist an sich nicht verkehrt, über Missstände, unangenehme Situationen oder Menschen sowie über eigene oder Fehler anderer zu sprechen oder nachzudenken. Schließlich sind das Erkennen und die Analyse, woran etwas hakt, der erste Schritt, um eine Veränderung einzuleiten. Wer aber in einer negativen Sichtweise hängen bleibt, sich von ihr vereinnahmen lässt und nichts anderes tut, als immer wieder zu klagen, nur das Negative zu sehen, der schwächt sich selbst, hat auch auf andere eine pessimistische Ausstrahlung und trägt nichts Positives zur Veränderung der Situation bei.

Nehmen wir an, Sie jammern Ihrer besten Freundin beim Kaffeetrinken zum hundertsten Mal vor, wie schwach Sie sind, weil Sie es nicht schaffen, endlich Ihr Fitnessprogramm in Angriff zu nehmen. Anstatt sich auf Ihre Stärken zu konzentrieren, verstärkt dieses ständige Kreisen um eine Situation, die bereits seit Jahren unbefriedigend für Sie ist, lediglich den Fokus auf Ihre Schwäche. Je mehr Sie an sich zweifeln, desto größer wird die Hürde, mit Ihrem Fitnessprogramm zu beginnen, und desto stärker wächst Ihre Überzeugung, dass Sie es wohl nie schaffen werden.

Das gilt allgemein für Situationen und Menschen, an denen wir etwas auszusetzen haben. Konzentrieren wir uns in erster Linie auf Missstände und die Unzulänglichkeiten anderer, kann sich unsere negative Perspektive leicht verselbstständigen. Wir übersehen die positiven Eigenschaften und das Potenzial der Menschen in unserem Umfeld, nehmen die jeweiligen Situationen als gegeben hin und streichen somit von vornherein die Segel, ohne überhaupt den Versuch zu machen, etwas zu verändern. Eine solche Haltung kann uns sowohl psychisch als auch physisch zusetzen. Unser ständiges Jammern bringt letztlich niemandem etwas.

Der Edle lenkt die Aufmerksamkeit auf
die guten Seiten anderer hin, nicht auf ihre Mängel.
Der kleine Mann tut das Gegenteil.
KONFUZIUS

Natürlich hilft es uns, wenn wir Probleme mit guten Freunden oder in der Familie besprechen können. Hat jemand ein offenes Ohr für unsere Anliegen und begegnet er uns mit ehrlicher Anteilnahme, fühlen wir uns angenommen und aufgehoben. Häufig können andere uns auch helfen, eine Situation aus einer anderen Perspektive zu betrachten, oder sie stehen uns mit Rat und Tat zur Seite. Wir sollten dabei allerdings selbstkritisch darauf achten, ob wir immer wieder in einen sich ständig wiederholenden Jammermodus verfallen, der zu nichts führt, oder ob wir bereit sind, uns zumindest zu überlegen, welche Veränderungen wir aktiv in Angriff nehmen können, um ein Problem zu beheben und eine Situation insgesamt zu verändern.

Nörgler und Dauerpessimisten gehen anderen Menschen irgendwann auf die Nerven, und sie schaden vor allem auch sich selbst mit ihrer negativen Einstellung. Versuchen Sie daher, sich von anderen inspirieren zu lassen, neue Sichtweisen, Gedanken, Anregungen oder Ratschläge anzunehmen und Ihre eigene Haltung Schritt für Schritt zum Positiven zu verändern. So können Sie am ehesten etwas erreichen und schließlich auch anders herum in Ihrem Umfeld selbst konstruktive Impulse vermitteln.

Setzen Sie Ihren klaren Geist ein, um Probleme zu erkennen, überlegen Sie aus einer möglichst losgelösten Haltung heraus und gern gemeinsam mit anderen, was Sie tun können, um die jeweilige Situation zu verbessern. Richten Sie generell Ihre Aufmerksamkeit häufig auf positive Dinge. So fördern Sie Ihre Gelassenheit und Klarheit, Ihren Optimismus sowie Ihre Entschlusskraft und tragen gezielt etwas zu einer insgesamt positiven Entwicklung bei.

Machen Sie sich die Nutzlosigkeit des Jammerns immer wieder bewusst, seien Sie bereit, schwierige Situationen anzunehmen, sie objektiv als das zu erkennen, was sie sind, und gehen Sie diese dann beherzt und kreativ an. Ihre positive Sichtweise wird sich spürbar auf Ihr persönliches Leben und Ihr Umfeld auswirken.

Wer neu anfangen will,
soll es sofort tun,
denn eine überwundene Schwierigkeit
vermeidet hundert neue.
KONFUZIUS

Der Wut sanft begegnen

Wer Zorn nicht für ein negatives Gefühl hält und meint, ein Wutanfall könne uns in bestimmten Situationen, die uns zur Verzweiflung bringen, dazu verhelfen, Selbstsicherheit und Energie wiederzuerlangen, der sollte einmal aufmerksam prüfen, in welchem Zustand sich der Geist in solchen Momenten befindet. Die Energie, die diesen Zorn vermittelt, ist eine blinde Energie. Man kann nicht mit Sicherheit wissen, welche Auswirkungen – positive oder negative – sie letztendlich hervorruft. Wenn man in Rage gerät, verschließt man sich den Zugang zum vernunftbegabten Teil des Gehirns. Die Energie des Zorns ist also selten vertrauenswürdig und kann uns zu verhängnisvollem, mitunter äußerst zerstörerischem Verhalten bringen [...]

Um mit schwierigen Situationen umzugehen, steht uns glücklicherweise eine Energie zur Verfügung, die ebenso stark wie die des Zorns, dabei aber kontrollierbar ist, denn sie wurzelt in seinen effektivsten Gegenmitteln: Güte, Vernunft und Geduld.   DALAI LAMA

Der Buddhismus empfiehlt bei aufkommender Wut eine Übung, mit der wir verhindern, von dieser Emotion überwältigt zu werden. Durch die Praxis von Achtsamkeit können wir unseren hochkochenden Zorn liebevoll betrachten. Auf diese Weise nehmen wir die Emotion zur Kenntnis. Wir schenken ihr unsere Aufmerksamkeit und nehmen sie ernst, anstatt sie zu verdrängen, uns immer stärker in unseren Zorn hineinzusteigern oder ihn gar – womöglich unkontrolliert – an anderen auszulassen. Diese letzte Variante im Umgang mit Wut kann sehr destruktiv sein. Zum einen führt unbeherrschtes, aggressives Verhalten häufig zu neuem Zorn und Verletzungen. Und zum anderen trifft es letztlich wie ein Bumerang auch uns selbst.

Aber nicht nur, wenn wir unsere Wut herauslassen, weil wir nicht wissen, wohin damit, hinterlässt dies negative Spuren. Auch jeder Versuch, negative Gefühle zu unterdrücken, kann sich schädlich auf Körper und Geist auswirken. Denn diese Emotionen arbeiten in uns weiter. Verdrängen wir sie, fühlen wir uns unausgeglichen, unzufrieden, sind schlecht gelaunt. Und auf der körperlichen Ebene kann es aufgrund verdrängter, angestauter Wut zu zahlreichen Störungen kommen.

Daher ist es in jedem Fall ratsam, sich dem Gefühl zu stellen und konstruktiv damit umzugehen.

Widmen Sie sich also Ihrer Wut, kümmern Sie sich anteilnehmend darum, so, als wäre sie ein kleines Kind, das sie zärtlich umarmen und beruhigen. Die folgende Übung hilft Ihnen dabei. Sie basiert auf einer Anleitung, die der Achtsamkeitslehrer Thich Nhat Hanh in seinem Buch ›Ärger – Befreiung aus dem Teufelskreis destruktiver Emotionen‹ vorstellt.

Das Gefühl annehmen

Atmen Sie langsam ein und wieder aus und beobachten Sie, wie die Luft in Ihren Körper hinein- und dann wieder hinausströmt.

Spüren Sie, wie wohltuend sich das anfühlt. Durch Ihre bewusste Ausrichtung auf den Atem wenden Sie sich nach innen. Sie stellen eine Verbindung zur Luft sowie zu Ihrem Körper her. Gleichzeitig stellen Sie auch eine intensive Verbindung zu Ihrem Geist her, da dieser alles konzentriert betrachtet.

Atmen Sie drei Mal auf diese Weise ein und aus und nehmen Sie dabei Ihren gesamten Körper wahr. Richten Sie Ihre Aufmerksamkeit dann gezielt auf Ihre Wut. Beobachten Sie, ob Sie Ihre Wut irgendwo in Ihrem Körper spüren. Vielleicht gibt es einen Bereich, in dem sie besonders deutlich wird. Nehmen Sie Ihren Ärger einfach zur Kenntnis.

Dehnen Sie Ihre Aufmerksamkeit nun etwas aus und hüllen Sie Ihren Körper in ein Gefühl liebevoller Achtsamkeit ein. Stellen Sie sich vor, dass Sie ihn mitsamt der Wut voller Liebe und Fürsorge umarmen, so, wie eine Mutter ihr Kind umarmt. Atmen Sie mit diesem Bewusstsein drei Mal regelmäßig ein und aus.

Bei der nächsten Einatmung sagen Sie innerlich an Ihre Wut gerichtet: »Hallo, meine liebe Wut. Ich nehme dich wahr. Du darfst hier sein.«

Beim Ausatmen sagen Sie zu Ihrer Wut: »Ich umarme dich und halte dich liebevoll.« Sie können sich dabei auch vorstellen, Ihren Ärger sanft zu wiegen, so, wie Sie es mit einem kleinen Kind im Arm tun würden, um es zu beruhigen.

Atmen Sie auf diese Weise noch zwei Mal langsam ein und aus und sprechen Sie innerlich dabei diese Sätze zu Ihrer Wut. Wenn Sie Ihre Wut noch etwas länger liebevoll wiegen möchten, wiederholen Sie die Sätze einfach nach Belieben, bis sich Ihr Ärger etwas gelegt hat.

Während Sie ruhig weiteratmen, gehen Sie zum nächsten und letzten Schritt dieser Begegnung mit Ihrer Wut über.

Die Zusammenhänge betrachten

Untersuchen Sie Ihre Emotion genau. Nehmen Sie diese quasi unter die Lupe. Erkennen Sie, wie sie entstanden ist. Was sind die wahren Ursachen dafür? Welchen Anteil haben Sie selbst daran? Fühlten Sie sich vielleicht provoziert, weil jemand Sie quasi an einem wunden Punkt getroffen hat? Weil in Ihnen bereits ein Fundament für den Ärger angelegt war? Versuchen Sie darüber hinaus, die Zusammenhänge zu erkennen. Welche Umstände haben Ihr Gegenüber dazu gebracht, Sie zu verärgern? Hat der andere das möglicherweise gar nicht beabsichtigt? Oder hat er sich tatsächlich unbeherrscht verhalten? Hat er sich an Ihnen nur abreagiert, weil Sie zufällig in seiner Nähe waren? Vielleicht ist er gerade gestresst oder auf andere Weise belastet und unausgeglichen? Dann ist er wie ein Gefangener seiner selbst. Falls jemand Sie ganz gezielt angeht, weil er von Wut und Hass vereinnahmt ist, befindet er sich dem vietnamesischen Zen-Meister und Achtsamkeitslehrer Thich Nhat Hanh zufolge in einer persönlichen Hölle.

Die Emotion umwandeln

Sobald Sie diese Zusammenhänge begreifen, können Sie Ihre eigene Wut zumindest ein Stück weit in Verständnis und Mitgefühl umwandeln. Je mehr Sie erkennen, dass Wut und Hass ebenso wie etwa Eifersucht, Neid oder andere negative Emotionen auf einem unfreien Geist basieren, der uns zum Gefängnis, ja zu einer Hölle werden kann und zu destruktivem Verhalten führt, desto gelassener können Sie reagieren und desto stärker regt sich Ihr Mitgefühl – sowohl anderen als auch sich selbst gegenüber. Das Mitgefühl wiederum fördert Wohlwollen und Liebe. Sind diese ausreichend vorhanden, lösen sich Hass und Wut wie von selbst auf.

Mithilfe dieser bewussten Hinwendung geben Sie Ihrer Wut einen Raum, in dem sie sicher aufgehoben ist. Sie nehmen sie zur Kenntnis und erlauben ihr, da zu sein. Gleichzeitig fördern Sie Ihre Achtsamkeit, ein positives Gefühl, das die Wut liebevoll umfängt. So überlassen Sie der Wut nicht einfach das Feld und geben ihr nicht die Möglichkeit, überhandzunehmen und unkontrolliert zu agieren. Sie setzen auf wohlwollende Weise etwas dagegen, bieten Ihrer positiven Achtsamkeit die Möglichkeit, präsent zu sein, sich auszuweiten und sich der Wut anzunehmen.

Das Feuer löschen

Versuchen Sie in der nächsten Zeit, Ihre Achtsamkeit auf Ihre Wut zu richten, wenn etwas oder jemand Sie wütend macht. Konzentrieren Sie sich bewusst nicht darauf, was Ihre Wut auslöst, sondern auf die Emotion selbst. Wenn Sie die Möglichkeit dazu haben, ziehen Sie sich kurz an einen ruhigen Ort zurück und führen Sie die obige Atemübung durch.

Der Buddhismus hat für diesen Umgang mit der Wut ein anschauliches Bild für uns parat: Wenn unser Haus in Flammen steht, sollten wir uns zunächst darum kümmern, das Feuer zu löschen, anstatt den vermeintlichen Verursacher des Brandes zu verfolgen.

In erster Linie geht es demnach darum, uns auf uns selbst zu besinnen und unsere Wut achtsam zu betreuen. So kehren wir in unser eigenes Zentrum zurück, schenken unserer Emotion Aufmerksamkeit und bringen ihr freundliche Anteilnahme entgegen. Damit verhindern wir, dass wir anderen oder uns selbst schaden.

Das Fundament aufspüren

Der Buddhismus leitet uns nach dieser »Sofortmaßnahme« zu einem weiteren Schritt im Umgang mit schädlichen Emotionen an. Dieser besteht darin, den Ursachen auf den Grund zu gehen. Wenn wir die wahre Natur unserer Wut aufmerksam betrachten, erkennen wir vielleicht, dass jemand oder etwas diese zwar ausgelöst hat, die Basis dafür aber möglicherweise bereits in uns selbst vorhanden war. Die aufkeimende Wut basiert quasi auf einem Fundament in uns, das durch verschiedene Ursachen entstanden ist. Je größer das Wutfundament in uns ist, desto eher kann die Emotion aufflammen. Das wird besonders deutlich, wenn wir uns mit anderen Menschen vergleichen, die auf ähnliche Trigger eben nicht so wütend reagieren wie wir selbst.

Die obige Übung lässt sich ebenso gut bei anderen leidvollen Gefühlen wie etwa Ängsten, Eifersucht oder Verzweiflung anwenden. Führen Sie den Ablauf jeweils wie beschrieben durch und richten Sie Ihre Aufmerksamkeit dabei statt auf die Wut auf die negative, belastende oder beunruhigende Emotion, die Ihnen gerade zusetzt. Sobald Sie sich Ihrer Emotionen gewahr werden, sie annehmen und sich die zugrunde liegenden Ursachen bewusst machen, wird diese automatisch abgeschwächt und hat Sie nicht mehr unkontrolliert in ihrer Gewalt.

Eine weitere Anregung zum Umgang mit schwierigen Emotionen bietet das folgende Zitat des chinesischen Meisters Hong Zicheng aus dem 17. Jahrhundert. Bildhaft veranschaulicht er den steten Wandel unserer Gefühle und empfiehlt uns, den Weg zur Freiheit einzuschlagen, indem wir uns die ständige Veränderung der Emotionen bewusst machen:

Das Herz besteht aus dem gleichen Stoff wie der Himmel. Bei einem glücklichen Gedanken ist es wie der Stern der Gerechten oder wie ein gutes Vorzeichen. Bei einem zornerfüllten Gedanken ist es wie das Unwetter und der Sturm. Bei einem mitfühlenden Gedanken ist es wie eine sanfte Brise und der Tau. Bei einem strengen Gedanken ist es wie die sengende Hitze der Sonne oder wie Frost im Herbst. All diese Stimmungen wechseln einander ab, und es genügt, sich ihres Auftretens und ihres Verfliegens bewusst zu werden, um sich so frei wie das Universum zu fühlen – so, als bestehe man selbst aus dem gleichen Stoff wie der Himmel.

Dankbarkeit

Je dankbarer wir sind, umso glücklicher werden wir.
Denn Dankbarkeit hilft uns zu erkennen,
dass wir alle miteinander verbunden sind.
Niemand fühlt sich wie eine Insel, wenn er dankbar ist.
Dankbarkeit erweckt uns zu der Wahrheit unserer
wechselseitigen Verbundenheit, die unsere Natur ist.

HAEMIN SUNIM

Sobald wir ein Gefühl der Dankbarkeit entwickeln, kehren wir uns automatisch ab von negativen Gefühlen. Es ist unmöglich, dankbar und gleichzeitig wütend, genervt oder ungeduldig zu sein. Probieren Sie es einfach aus, Sie werden feststellen, wie schnell Sie in der Lage sind, mit dieser einfachen Übung Ihre Gedanken zu verändern und eine negative Stimmung zu überwinden.

Die Dankbarkeit bringt uns zudem unmittelbar in Kontakt mit der Welt, wie das schöne Zitat von Haemin Sunim zeigt. So spüren wir die Verbindung mit anderen und fördern unsere innere Zufriedenheit.

Konflikte lösen

Die Quelle menschlichen Leids besteht darin,
dass sich jeder einen Standpunkt gesucht hat
und sich weigert, das Gegenteil
dieses Standpunkts zu sehen,
während doch die Wirklichkeit
aus einem Wechselspiel der Gegensätze besteht,
von denen sich der eine unvermeidlich
auf den anderen zubewegt.

LIOU KIA-HWAY

Konflikte mit anderen entstehen häufig, weil wir eine starre Haltung entwickeln und gar nicht erst den Versuch unternehmen, uns unvoreingenommen auf einen Austausch mit unserem Gegenüber einzulassen. Wenn wir jedoch dem anderen wohlwollend begegnen und uns bemühen, die Situation aus seiner Perspektive zu betrachten, anstatt mit einer vorgefassten Meinung ein Gespräch zu beginnen, können wir viele Auseinandersetzungen vermeiden und sogar erkennen, dass viele Standpunkte gar nicht so unvereinbar sein müssen, wie es uns zunächst erscheinen mag. Üben wir uns in

Gleichmut und Gelassenheit, dann werden sich so manche Gegensätze abschwächen, die Auffassungen sich aufeinander zubewegen.

Gönne dir einen Augenblick der Ruhe
und du begreifst,
wie närrisch du herumgehastet bist.

Lerne zu schweigen
und du merkst,
dass du zu viel geredet hast.

Sei gütig
und du siehst ein,
dass dein Urteil über andere
zu hart war.
CHEN-CHÜN

Körperliche Schmerzen erträglicher machen

Wird dein Geist fest wie ein Felsen
und verweilt unerschütterlich in einer Welt,
in der alles sich bewegt,
dann ist der Geist dein bester Freund,
und kein Leiden wird sich dir nähern.

BUDDHA

Jeder Mensch ist in seinem Leben zu verschiedenen Zeitpunkten physischem Schmerz ausgesetzt. Manche haben relativ wenig damit zu tun, andere sind dagegen häufig und intensiv davon geplagt. Das Schmerzempfinden kann bei verschiedenen Personen überaus unterschiedlich sein. So leiden manche bereits sehr stark unter relativ banalen Kopfschmerzen, während andere selbst extreme Schmerzen relativ gut ertragen können.

Untersuchungen haben gezeigt, dass die Schmerzerwartung eine entscheidende Rolle dabei spielt, wie Schmerzen individuell erlebt werden. So wurden Probanden bei einer Studie Schmerzimpulsen am Arm ausgesetzt, deren Intensität sie jeweils bewerteten. Am darauffolgenden Tag kündigte man ihnen im Vorhinein an, ob sie mit einem schwachen oder starken Schmerzimpuls zu rechnen hätten. Das Erstaunliche: Die Probanden, die einen schwachen Impuls erwarteten, denen aber ein starker Impuls zugefügt wurde, empfanden den Schmerz als schwächer. Im umgekehrten Fall war das Ergebnis dasselbe. Wies man die Probanden darauf hin, dass ihnen ein starker Schmerz bevorstand, empfanden sie ihn auch dann als stark, wenn ihnen nur ein sehr leichter Schmerz zugefügt wurde. Ihre Antizipation des Schmerzes beeinflusste ihr persönliches Schmerzerleben also entscheidend. Ahnt man ein Schmerzereignis voller Angst voraus, wird es sich in der subjektiven Empfindung demnach in gehörigem Maße verschlimmern und als qualvoller und unerträglicher erlebt werden. Solange wir nicht wissen, wie intensiv Schmerzen möglicherweise werden oder wie lange sie anhalten, können wir schlechter damit umgehen als im umgekehrten Fall. Gefühle wie Angst, Hoffnungslosigkeit oder Verzweiflung sind im Zusammenhang mit Schmerzen sehr belastend und können die Lebensqualität erheblich beeinträchtigen. Das gilt besonders bei chronischen Schmerzen.

Im Buddhismus finden wir wertvolle Anregungen dazu, wie wir unsere Haltung gegenüber dem Schmerz verändern können, um nicht in einer Art Opferrolle zu verharren und unser Leben zu sehr davon dominieren zu lassen. So lautet eine konkrete Empfehlung, den Schmerz anzunehmen und in der Meditation bewusst zu betrachten, ohne dagegen anzukämpfen. Im Zustand erhöhter Aufmerksamkeit kann es uns gelingen, den Schmerz als reine Energie wahrzunehmen, als etwas, das außerhalb von uns liegt. Wenn das passiert, lässt sich die Identifizierung mit dem Schmerz auflösen. Der aus Ceylon stammende buddhistische Mönch Bhante Henepola Gunaratana beschreibt eine solche Meditationserfahrung folgendermaßen:

Ein reines [...] Bewusstsein nimmt Schmerz ausschließlich als Energiefluss wahr. Kein Gedanke, kein Widerstand. Einfach nur Energie. [...] Gedanken wie ›ich‹, ›mein‹, ›mir‹ haben im unmittelbaren Bewusstsein keinen Platz. Es sind reine Fremdkörper, trügerische Zusätze. Wenn ihr ›ich‹ mit ins Spiel bringt, identifiziert ihr euch mit dem Schmerz. Infolgedessen wird er verstärkt. Lasst ihr das ›Ich‹ aus dem Spiel, ist der Schmerz nicht schmerzhaft. Er ist einfach reiner Energiefluss.

Gelingt es uns, unsere Haltung zum Schmerz so zu verändern, betrachten wir ihn als etwas, das getrennt von uns existiert. Wir distanzieren uns von dem körperlichen Leid, und so kann es uns weniger kontrollieren.

Die Anregung zu der folgenden Übung stammt aus dem Buch *Meditation* des buddhistischen Mönchs Matthieu Ricard. Sie kann uns ebenfalls helfen, Schmerzen zu lindern und als weniger belastend zu erleben.

Heilsames Licht

Nehmen Sie eine bequeme Position im Sitzen oder Liegen ein und atmen Sie regelmäßig und entspannt ein und aus.

Stellen Sie sich nun ein heilsames, strahlendes Licht vor, das mit Ihrem Atem zu dem Bereich Ihres Körpers strömt, an dem Sie Schmerzen haben. Lassen Sie das wohltuende Licht in Ihrer Vorstellung tief in den Schmerz hineinströmen, bis dieser vollkommen davon ausgefüllt ist. Genießen Sie diesen wunderbaren Lichtbalsam und stellen Sie sich vor, wie er den Schmerz allmählich auflöst.

Schicken Sie das heilsame Licht in jeden Teil Ihres Körpers, in dem Sie Schmerzen empfinden, und spüren Sie überall, wie sich die wohltuende Wirkung dieses

Heillichts entfaltet. Lassen Sie es in der Vorstellung jeweils tief in den Schmerz eindringen, sodass dieser
sich schließlich auflöst. Spüren Sie, wie sich Ihr gesam-
ter Körper immer mehr entspannt.

Atmen Sie noch eine Weile ruhig weiter und schließen Sie diese Visualisierungsübung dann mit einer langen Ausatmung ab.

Flüchtig wie ein Schmetterling

Ein ehrgeiziger Kung-Fu-Schüler wollte wissen, auf welche Weise er fortwährendes Glück erreichen könne, und fragte seinen Lehrer danach.

Der Meister antwortete ihm: »Du kannst dem Glück nicht hinterherjagen und es festhalten, denn es ist wie ein wunderschöner Schmetterling. Wenn du nach ihm greifen willst, fliegt er fort. Lässt du dich aber ruhig in der Natur nieder und wartest geduldig, wird er herbeigeflogen kommen und sich auf deine Schulter setzen.«

Etwas irritiert hakte der Schüler nach: »Heißt das, ich kann nichts tun, um bei meiner Suche nach dem Glück vorwärtszukommen?«

Daraufhin erwiderte der Meister freundlich: »Doch, das kannst du, wenn du danach strebst, dich voller Geduld hinzusetzen.«

❧

Eine Zen-Geschichte

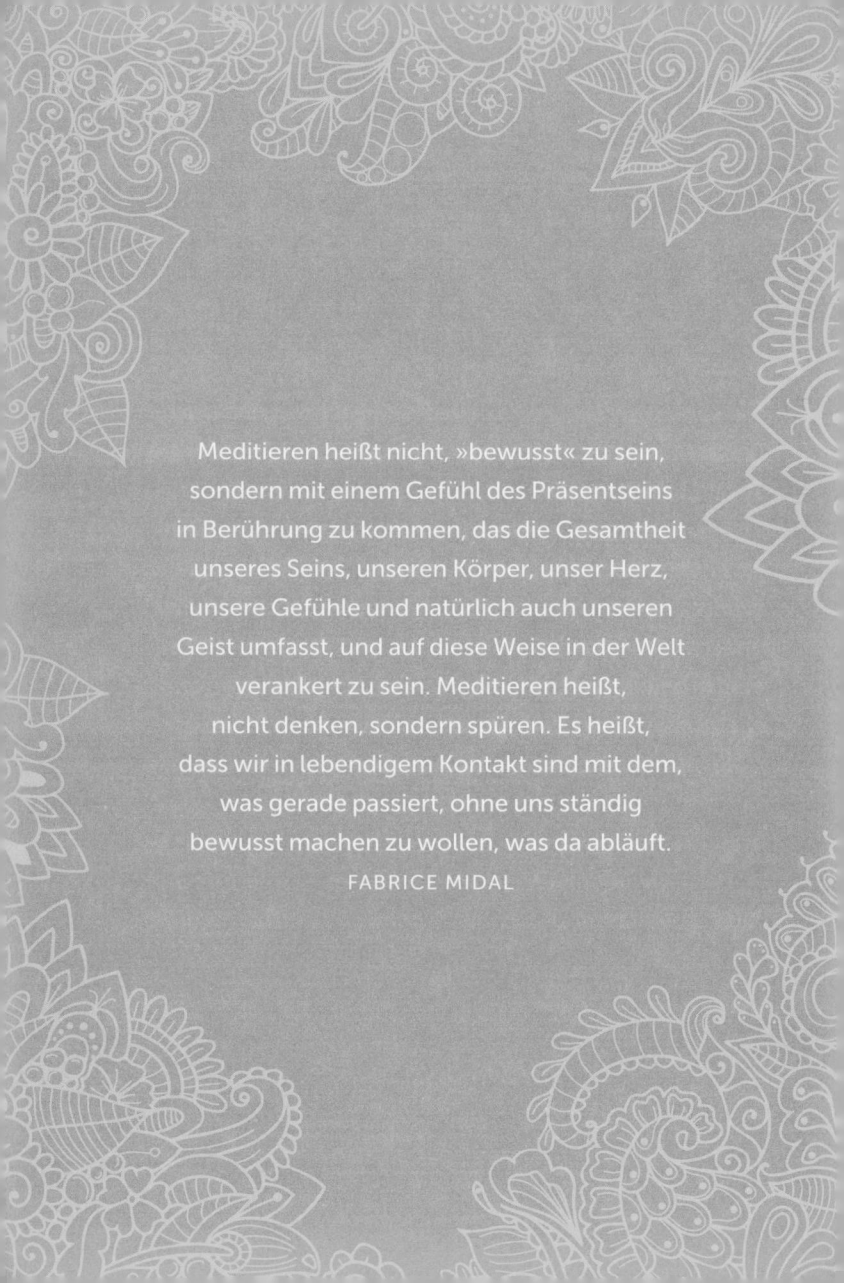

Meditieren heißt nicht, »bewusst« zu sein,
sondern mit einem Gefühl des Präsentseins
in Berührung zu kommen, das die Gesamtheit
unseres Seins, unseren Körper, unser Herz,
unsere Gefühle und natürlich auch unseren
Geist umfasst, und auf diese Weise in der Welt
verankert zu sein. Meditieren heißt,
nicht denken, sondern spüren. Es heißt,
dass wir in lebendigem Kontakt sind mit dem,
was gerade passiert, ohne uns ständig
bewusst machen zu wollen, was da abläuft.

FABRICE MIDAL

Die Kunst der Achtsamkeit –
In lebendigem Kontakt mit der Welt

Bei der Form der Achtsamkeitsmeditation, um die es auf den nächsten Seiten geht, richten wir unsere Aufmerksamkeit auf unsere Gedanken und Empfindungen im gegenwärtigen Moment und fördern so unsere Wahrnehmung und Präsenz. Dadurch beruhigen wir unseren Geist und verbinden uns mit seiner strahlenden Klarheit, die im Alltagsbewusstsein häufig durch ein vorherrschendes Gedankenchaos, durch Verwirrung und Täuschungen verschleiert wird.

Sich für die Wirklichkeit öffnen

Achtsamkeit ist ein aufmerksames Beobachten,
ein Gewahrsein, das völlig frei von Motiven
oder Wünschen ist, ein Beobachten
ohne jegliche Interpretation oder Verzerrung.
JIDDU KRISHNAMURTI

Das Ziel der Achtsamkeitsmeditation besteht keineswegs darin, den fortwährenden Gedankenstrom abzuschalten oder dagegen anzukämpfen. Wenn wir mit Macht gegen all die vorbeiziehenden Bilder und Vorstellungen im Geist angehen, erreichen wir in der Regel nur das Gegenteil und befinden uns schnell in einem frustrierenden inneren Kampf, den wir nur verlieren können.

Bei dieser Form der Meditation geht es vielmehr darum, einfach da zu sein und die Dinge geschehen zu lassen. Mit allem im Einklang zu sein, was im gegenwärtigen Moment geschieht. Alles darf genau so sein, wie es im jeweiligen Augenblick ist. Wir greifen nicht in das Geschehen ein, sondern öffnen uns vollkommen für die Wirklichkeit, ohne der Situation unseren Willen in ir-

gendeiner Weise aufzuzwingen. Wir lösen uns von jeglichen Erwartungen an uns selbst und verlegen uns
vollkommen auf die Rolle eines ruhigen Beobachters,
der einfach zur Kenntnis nimmt, was passiert, ohne etwas zu bewerten.

Schwächen und gedankliches Abschweifen erlaubt

Lerne die Liebesmacht der Meditation kennen:
Sie öffnet das Herz und bewirkt, dass es
vom ganzen Universum durchdrungen wird.
Sie bringt das wieder zusammen,
was von der Verblendung getrennt wurde.
So findest du dich eingetaucht in den Strom
des Lebens und mit ihm dahinfließend.

DRUKPA RINPOCHE

Wenn wir meinen, wir müssten während der Meditation innerhalb kurzer Zeit besonders entspannt sein und eine innere Ruhe empfinden, setzen wir uns unter Druck, überfrachten die Situation mit unserem Willen, unserem persönlichen Ehrgeiz, mit den Zielen, die wir uns selbst stecken. All diese Vorstellungen sollten wir über Bord werfen. Das Einzige, worum es beim Üben geht, ist, uns das vollkommene Aufgehen im Hier und Jetzt anzueignen, in dem wir alles annehmen, was ist, und nicht länger an unseren Erwartungen und Bewertungen festhalten.

Dazu gehört auch, uns großzügig unsere Schwächen einzuräumen. So ist es zum Beispiel völlig normal, beim Üben gedanklich abzuschweifen, sozusagen aus der Rolle des aufmerksamen Beobachters herauszufallen und die Aufmerksamkeit vom Strom der Gedanken mitreißen zu lassen, ohne es sofort zu merken. Nur allzu leicht driften wir in Tagträume ab, sind in allen möglichen Gedanken gefangen, anstatt sie aus einer gewissen Distanz zu betrachten. Kein Wunder, schließlich ist das unser gewohnter Bewusstseinszustand. Anstatt uns aber selbst dafür zu rügen, dass wir uns unbewusst unseren Gedanken und inneren Bildern hingegeben haben, sollten wir unsere Aufmerksamkeit in dem Moment, in dem uns das bewusst wird, sanft wieder zurückführen. Zur Wahrnehmung all dessen, was ist.

Hingabe an den Moment

Ist man in kleinen Dingen nicht geduldig,
bringt man die großen Vorhaben zum Scheitern.
KONFUZIUS

Während der Meditation laufen ständig gleichzeitig viele Dinge ab. Wir atmen ein und aus, hören vielleicht das Rauschen einer Wasserleitung, ein schreiendes Baby, einen Laster, der draußen auf der Straße vorbeifährt. Oder wir nehmen einen bestimmten Duft wahr. Vielleicht juckt die Nase, oder die Kleidung zwickt an irgendeiner Stelle. Möglicherweise fühlen wir uns in unserer Meditationshaltung auch insgesamt nicht wohl oder verspüren sogar Schmerzen im Rücken oder sonst irgendwo. Und bei der Beobachtung unserer Gedanken tauchen vielleicht unvermittelt schöne Erinnerungen und freudige Emotionen oder auch Gefühle der Enttäuschung oder Trauer auf. All diese Dinge gehören zur Erfahrung des Augenblicks dazu und dürfen sein. Sie sind ein Teil der Realität. Wenn wir sie mit einer wohlwollenden, akzeptierenden Haltung betrachten, öffnen wir uns für alles, was entsteht, und fördern somit unsere

Verbindung zur Welt sowie zu uns selbst. Wir sind wach mit allen Sinnen und bringen unsere Aufmerksamkeit immer wieder liebevoll zur Beobachtungsposition zurück, sobald sie abgelenkt wurde – ohne irgendetwas zu bewerten oder darüber nachzudenken. In dieser intensiven Hinwendung, ja der Hingabe an den Moment liegt die eigentliche Kraft der Meditation.

Im Meditieren entdecke ich erst,
wie sehr ich Teil dieser Welt bin.
Ich trete in Verbindung mit dem, was ist,
so, wie es ist. Und damit auch in Verbindung
zu mir selbst in einer Haltung des Wohlwollens,
die uns das Dasein ausgetrieben hat.

FABRICE MIDAL

Reines Gewahrsein üben

Lass während der Meditation
die vagabundierenden Ideen und
Empfindungen einfach vorbeischweben,
ohne sie festhalten zu wollen.
Lass deinen Geist von der Leere durchdringen,
und du wirst eine wunderbare Wärme
und eine ungeheure Freude empfinden.
Auf diese Weise wird die Distanz
zwischen dir und der Welt schwinden.
Du findest dich am Ort des Geistes,
in dem alle Dinge versammelt sind.
Von diesem Ort aus kannst du wirken –
auf dich selbst und auf die Welt.

DRUKPA RINPOCHE

Mit der folgenden Übung trainieren Sie Ihren Geist, alles wahrzunehmen, was im gegenwärtigen Moment geschieht, und entwickeln so einen Zustand größtmöglicher Präsenz.

Nehmen Sie eine bequeme Meditationshaltung im Sitzen ein. Der Rücken ist gerade, die Hände liegen locker auf den Oberschenkeln, Schultern, Nacken und Kiefer sind entspannt. Atmen Sie ein paarmal bewusst ein und aus, um leichter in die Meditation hineinzufinden, und dehnen Sie Ihre Aufmerksamkeit dann auf alles aus, was geschieht.

Lassen Sie Ihre Wahrnehmung groß und weit werden. Seien Sie entspannt und gleichzeitig überaus aufmerksam. Beobachten Sie aufsteigende Gedanken, innere Bilder und Erinnerungen und lassen Sie diese weiterziehen, ohne in irgendeiner Weise dagegen anzugehen oder sie zu bewerten.

Tauchen Gefühle oder Stimmungen auf, registrieren Sie diese genauso aufmerksam aus Ihrer neutralen Beobachterposition heraus. Freude, Ärger, Zufriedenheit, Unsicherheit, Genervtsein, was immer auch auftauchen mag, lassen Sie alles wie einen endlosen Strom vorbeiziehen.

Das Gleiche gilt für jegliche Sinneswahrnehmungen, die in Ihr Bewusstsein dringen. Nehmen Sie diese einfach zur Kenntnis, losgelöst, ohne daran anzuhaften. Alles darf genau so sein, wie es in diesem Moment ist.

Alles darf kommen und gehen, eine ständig sich verändernde Abfolge.

Falls Sie feststellen, dass Sie von Ihren Gedanken fortgetragen wurden und das Geschehen nicht mehr aus einer Beobachterposition heraus wahrnehmen, registrieren Sie das einfach und bringen Ihre Aufmerksamkeit dann sanft wieder zurück.

Sollten während der Meditation Bilder oder Gefühle auftauchen, die Sie überwältigen oder überfordern, begegnen Sie auch dieser Wahrnehmung möglichst wohlwollend. Kehren Sie mit Ihrer Aufmerksamkeit dann kurz zu Ihrem Atem zurück. Er ist die ständige ruhige Basis, die Sie wieder festigen und verankern kann. Sobald Sie sich gesammelt haben, öffnen Sie sich wieder für die Beobachtung des Hier und Jetzt.

Führen Sie die Meditation zunächst etwa fünf Minuten lang durch. Legen Sie dann eine kurze Pause ein und wiederholen Sie die Übung danach noch zwei Mal jeweils fünf Minuten lang. Sie können die Sitzungen nach und nach auf 30 Minuten steigern.

Achtsamkeit im Alltag

Achtsam war ich mir meiner Atmung bewusst.
In derselben Weise übte ich mich auch
in der Achtsamkeit auf den Körper.
Stand ich, so wusste ich, dass ich stehe.
Saß ich, war ich mir des Sitzens vollkommen bewusst.
Legte ich mich nieder, war ich mir des Liegens bewusst.
Weil ich mir jeder meiner Handlungen
klar bewusst war, haftete mein Geist nicht mehr an
diesem Dasein. Die Achtsamkeit auf den Atem,
die Betrachtung des Körpers und die völlige
Bewusstheit jedes Augenblicks ist ein edles Tun,
ist der erhabene Pfad, der zur Befreiung des Geistes
und letztlich zur Weisheit führt.

BUDDHA

Wir können Achtsamkeit nicht nur während der intensiven Kontemplation beim Meditieren üben, sondern auch in unserem Alltag.

In vielen Situationen ist es möglich, geistig von unserem normalen Modus umzuschalten und uns bewusst darauf zu fokussieren, was gerade im gegenwärtigen

Moment geschieht, ohne es zu beurteilen. Wir können unsere Aufmerksamkeit zudem für eine kurze Weile unserer Atmung widmen oder uns voll und ganz auf eine Tätigkeit konzentrieren, die wir gerade ausführen. Etwa auf die allmorgendliche Zubereitung des Kaffees. Bewusst drehen wir den Wasserhahn auf, lassen achtsam das Wasser in die Kanne laufen und befüllen in vollem Gewahrsein die Kaffeemaschine damit. Ebenso bewusst legen wir den Filter ein, messen das Pulver ab und so weiter. Bei jedem einzelnen Schritt sind wir vollkommen präsent und auf diese Sache konzentriert. Ob wir uns die Schuhe anziehen, die Spülmaschine ausräumen, mit dem Hund Gassi gehen, an der Haltestelle auf den Bus warten oder während einer Minipause von der Arbeit intensiv wahrnehmen, wie sich das Sitzen auf dem Bürostuhl anfühlt – schon kurze Phasen der Achtsamkeit können bereits eine sehr positive Wirkung auf unser Inneres haben.

Dabei geht es selbstverständlich nicht darum, einen tiefen meditativen Zustand zu erreichen, sondern lediglich um die Entwicklung eines gerichteten Gewahrseins, um den Geist – zumindest zwischendurch – zur Ruhe und Sammlung zu bringen, unsere Verankerung in der Welt zu stärken und für einen Augenblick das Leben mit allen Sinnen zu spüren. Gelassen können wir uns dann wieder dem Alltag widmen und die auf uns einströmenden Veränderungen sowie Anforderungen besser meistern.

> Lebenspraxis bedeutet, den Ort,
> an dem du jetzt stehst, zum Paradies zu machen.
> Lebenspraxis bedeutet, das Himmelreich
> unter deinen Füßen zu entdecken.
>
> KODO SAWAKI

Auch das Gewahrsein unserer rastlosen, flüchtigen Gedanken, das sich mit der auf Seite 82 beschriebenen Meditation praktizieren lässt, können wir zwischendurch in unseren Alltag integrieren. Mit etwas Übung wird es uns mühelos gelingen, auch mitten im täglichen Ablauf für kurze Zeit auf eine neutrale Beobachterrolle umzuschalten und so eine gewisse Distanz zu unseren Gedanken und Gefühlen aufzubauen. Sobald dies geschieht, können wir sie annehmen, ohne an ihnen festzuhalten oder sie zu bewerten. Wir nehmen den Strom unserer Gedanken wahr und können uns in einem weiteren Schritt für die gesamte Welt öffnen. So lassen sich die Grenzen des eigenen Ichs überwinden, und wir tauchen voller Klarheit ein in das Gefühl der tiefen Verbindung mit dem Fluss des Lebens.

Loslassen heißt nicht »aufgeben«

Erkennst du klar,
dass sich alle Dinge verändern,
dann wirst du an nichts festhalten wollen.

LAOTSE

Viele Menschen sind der Meinung, das Prinzip des Annehmens und Loslassens führe dazu, sich im Leben passiv zu verhalten. Sie befürchten, ihre Motivation zu schwächen, wichtige Dinge negativ zu verändern, weniger willensstark zu sein und Anforderungen, die täglich an sie gestellt werden, nicht mehr so gut bewältigen zu können. Wenn sie die Dinge so akzeptieren, wie sie sind – so vermuten sie –, könnten sie ihren Biss in der Arbeit verlieren und sich sowohl im Beruf als auch im privaten Bereich zu schnell mit etwas zufriedengeben.

Das Prinzip des Loslassens basiert allerdings auf der Erkenntnis, dass wir durch die Förderung der geistigen Klarheit die Realität, so, wie sie ist, besser erkennen und letztlich entschlossener handeln können. Wenn wir eine innere Ruhe entwickeln, sind wir eher in der Lage dazu, reflektiert und aus einer Haltung der Gelassenheit heraus zu agieren, anstatt impulsiv auf Ereignisse zu re-agieren – häufig aus einem Moment der Überforderung heraus oder von unseren hochsteigenden Emotionen geleitet.

Die Haltung reflektierter Gelassenheit, die mit gro-ßer Entschlossenheit einhergeht, kommt in dem fol-genden Zitat des weisen Mönchs Shantideva zum Aus-druck, der im frühen achten Jahrhundert lebte und an der großen buddhistischen Universität im indischen Nalanda unterrichtete.

Wenn es eine Möglichkeit gibt,
Probleme zu umgehen,
warum sollte man sich darüber Sorgen machen;
wenn es keinen Weg gibt,
welchen Zweck hat es dann,
sich Sorgen zu machen?

Motivation und Produktivität

Das Gesetz der Natur, das Dharma des Kosmos,
der Kreislauf des Lebens – sie alle unterliegen
dem Wandel. Weder in der materiellen noch
in der spirituellen Welt existiert etwas, was sich nicht
verändert. Wir müssen dieses Prinzip des Wandels
begreifen und beobachten, um vorbereitet zu sein
und vorausschauend handeln zu können.

MEISTER NAN HUAI CHIN

Die regelmäßige Praxis von Achtsamkeit ist wissenschaftlichen Studien zufolge ein wirksames Mittel gegen Stress und Burn-out. Sie steigert die Lern- und Konzentrationsfähigkeit und fördert die Gedächtnisleistung, Kreativität und Produktivität sowie das Selbstwertgefühl. Sie hilft uns, in schwierigen Situationen fokussiert zu bleiben und uns auf unsere Stärken zu besinnen. Darüber hinaus erinnert die Praxis von Achtsamkeit uns an unsere Fähigkeit, selbst in stressigen Zeiten stets zu dem Ruhepol zurückzukehren, der sich in unserem Inneren befindet, und daraus Kraft und Energie zu schöpfen. Auf diese Weise können wir selbst inmitten von Hektik und Trubel Entspannung finden, größere Resilienz entwickeln, körperliche und mentale Kraftreserven anzapfen und letztlich überlegter und entschlossener handeln.

Das Annehmen und Loslassen, das wir durch die Praxis von Achtsamkeit erreichen, führt daher mitnichten zur Aufgabe von Zielen, mangelndem Antrieb oder gar zu Resignation angesichts belastender Umstände. Im Gegenteil. Wer aufmerksam in sich ruht, ist fest im Leben verankert und der Realität überaus zugewandt. Anstatt angstvoll und verkrampft an gewohnten Dingen festzuhalten, fördert er eine klare Ausrichtung, agiert motiviert und ist in der Lage, Veränderungen gut zu meistern.

Die Arbeit mit Sinn erfüllen

Achte auf deine Gedanken,
sie sind der Anfang deiner Taten.
BUDDHA

Wofür arbeiten wir eigentlich? Kann es tatsächlich allein darum gehen, beruflich möglichst voranzukommen und viel Geld zu verdienen? Damit wir irgendwann sagen können: »Mein Haus, mein Auto, meine Jacht«?

Im ›I Ging‹, dem großen chinesischen Buch der Wandlungen, finden wir eine gänzlich andere Anregung, wenn wir uns nach dem Zweck unserer Arbeit fragen. Dort steht der Begriff Karriere für den Einsatz für andere und deren Wohlergehen. Anstatt uns nur auf uns selbst zu konzentrieren und auf unseren eigenen Vorteil bedacht zu sein, sollten wir unsere Arbeit mit wahrem Sinn erfüllen. Solange unsere berufliche Tätigkeit reiner Selbstzweck ist, ausschließlich dazu gedacht, uns allein ein gutes Leben zu bescheren, entbehrt sie dem ›I Ging‹ zufolge der Sinnhaftigkeit. Es handelt sich in diesem Fall um eine Tätigkeit ohne darüber hinaus gehenden Gehalt, ohne sinnstiftende Ausrichtung. Daher fordert das ›I Ging‹ uns klar dazu auf, uns die Frage, nach dem *Warum* beziehungsweise dem *Wofür* unserer Arbeit zu stellen: Inwiefern füllt meine Arbeit mich aus? Sie trägt zur Existenzsicherung meiner selbst, meiner Familie bei; aber vielleicht auch etwas zum Wohl anderer? Helfe ich anderen Menschen, sorge ich durch mein Tun mit für deren Wohlergehen? Leiste ich vielleicht einen Beitrag zur Entwicklung und Verbesserung der Gesellschaft, der Umwelt?

Wenn wir uns mit diesen Fragen beschäftigen, werden wir vielleicht auf positive Antworten stoßen; in diesem Fall wird unser Tun auf ganz einfache Weise nahezu automatisch mit Sinn erfüllt. Anderenfalls lassen sich sicher mit einiger Überlegung kleinere oder auch größere Veränderungen finden und einleiten, um unsere Arbeit für uns sinnvoller zu machen.

Innere Stärke

Kein Ding auf der Welt ist vollkommen.

KONFUZIUS

Wir sollten nicht den Anspruch an uns haben, perfekt zu sein. Wenn wir uns bewusst machen, dass nichts und niemand vollkommen ist, können wir daraus Gelassenheit und innere Stärke entwickeln. Das bedeutet im Umkehrschluss nicht, dass wir uns bei der Verfolgung eines Ziels nicht bemühen oder keinen Einsatz bringen würden. Aber zu wissen, dass es genügt, gut genug zu sein, lässt uns entspannter agieren und auch uns selbst gegenüber eine wohlwollende Haltung einnehmen.

Achtsam und engagiert

Achtsamkeit muss engagiert sein.
Auf das Sehen muss das Handeln folgen.
Was nützt denn sonst das Sehen?
THICH NHAT HANH

Der Achtsamkeitslehrer Thich Nhat Hanh berichtet in seinem Buch ›Ich pflanze ein Lächeln‹ von den Bombenangriffen auf vietnamesische Dörfer, während er im Kloster lebte. Gemeinsam mit seinen Mitbrüdern und -schwestern überlegte er, ob sie sich weiterhin allein in Meditation üben und dem Klosterleben widmen oder doch eher hinausgehen sollten, um den betroffenen Menschen zu helfen. Sie kamen zu dem Schluss, einen »engagierten Buddhismus« zu praktizieren und auf diese Weise sowohl die Menschen zu unterstützen als auch weiterhin achtsam zu bleiben.

Diese Haltung kommt in Thich Nhat Hanhs Zitat deutlich zum Ausdruck. Demnach sollte unsere Achtsamkeit uns zu aktivem Handeln führen, wenn die Situation dies erfordert. Wir sollten die Augen nicht vor der Realität verschließen, sondern diese mit all den vorhandenen Problemen aufmerksam betrachten und uns in unserem Handeln weise von unserer Achtsamkeit leiten lassen. Eine engagierte Achtsamkeit ist nach diesem Verständnis also alles andere als zurückgezogene, der Welt »enthobene« Meditation. Idealerweise steigert sie unser Bewusstsein und lässt uns die Realität sowie unsere Aufgabe darin besser erkennen.

Thich Nhat Hanh empfiehlt uns, auch in fordernden Alltagssituationen achtsam zu bleiben, das heißt, weiterhin bewusst zu atmen und anderen mit einem Lächeln zu begegnen. Denn auf diese Weise bleiben wir bei uns selbst und können gleichzeitig am besten auf unser Umfeld eingehen.

Teetrinken mit dem Meister

Ein Gelehrter suchte einen Meister auf, da er die zentrale Lehre des Zen ergründen wollte. Der Meister lud ihn zum Tee ein und begann die Tasse seines Gastes mit dem Getränk zu füllen. Auch als die Tasse nahezu voll war und überzulaufen drohte, schenkte der Meister unbeirrt weiter den Tee ein. Protestierend rief der Gelehrte: »Es reicht, die Tasse ist bereits bis zum Rand gefüllt! Mehr passt nicht hinein.«

Der Meister entgegnete darauf: »Genauso voll wie diese Tasse ist auch Euer Geist. Er quillt über vor Gedanken und Meinungen. Wenn ich Euch etwas über Zen lehren soll, müsst Ihr diese Tasse zunächst leeren.«

Eine Zen-Geschichte

Umfassendes Mitgefühl
ist der Edelstein unter den Wünschen:
Es erfüllt alle Hoffnungen,
die eigenen wie die der anderen.

SHABKAR

Mitgefühl und Güte –
Basis für dauerhaftes Glück

Zu den elementarsten Prinzipien der buddhistischen Mahayana-Tradition, dem sogenannten Großen Fahrzeug, gehören die selbstlose Liebe und das Mitgefühl. Während die Anhänger des zweiten großen buddhistischen Zweigs, dem Hinayana oder »Kleinen Fahrzeug«, in erster Linie nach der eigenen Befreiung streben, besteht das erklärte Ziel des Mahayana darin, sich für das Wohl und die Erleuchtung aller Wesen einzusetzen (s. a. »Das Glück der anderen«, s. a. 119).

Auf dieser tief verwurzelten Ausrichtung basiert die grundlegende Haltung des selbstlosen Handelns sowie des Mitgefühls gegenüber allen Geschöpfen. Dieser Einstellung liegt die Erkenntnis zugrunde, dass wir mit allen Wesen eng verbunden sind und jedes Geschöpf unsere Anteilnahme und unser Wohlwollen verdient hat.

Selbst wenn wir uns etwa mit manchen Menschen nicht sehr gut verstehen oder einige von ihnen uns das

Leben sogar richtig schwer machen, sollten wir uns dem Buddhismus zufolge vor Augen führen, dass auch sie nach Glück streben und ein Recht darauf haben. Darüber hinaus verfügen sie – wie wir alle – in ihrem Inneren über eine Buddha-Natur, die lediglich noch entdeckt und freigelegt werden muss. In diesem Zusammenhang beschreibt der Dalai Lama anschaulich, wie sich eine gelassene, wohlwollende Haltung gegenüber uns nahestehenden, aber ebenso gegenüber fremden oder schwierigen Menschen entwickeln lässt.

Da echtes Mitgefühl zwangsläufig universal und unvoreingenommen ist, müssen wir damit beginnen, Gleichmut beziehungsweise Unvoreingenommenheit gegenüber allen Wesen zu entwickeln, um dieses Mitgefühl zu erlangen. Der Buddhismus geht davon aus, dass diejenigen, die wir in diesem Leben als Freunde oder Ver-

wandte betrachten, in einem vergangenen Leben unsere schlimmsten Feinde gewesen sein können. Dieselbe
Argumentation gilt auch für jene, die wir derzeit für Feinde halten: Selbst wenn sie uns viel Unrecht tun, können
sie in vergangenen Leben unsere besten Freunde, sogar
unsere Mutter gewesen sein. Durch dieses Reflektieren
der Flüchtigkeit und Umkehrbarkeit unserer Beziehun-
gen, die bewirken, dass jedes Lebewesen sich der Reihe
nach als Freund oder Feind manifestieren kann, lernt
man, die Dinge unvoreingenommener zu sehen.

Diese Geistesschulung erfordert eine gewisse Losge-
löstheit – »Nicht-Anhaften«. Allerdings sollten wir erst
einmal verstehen, was dieser Begriff überhaupt bedeutet. Manche meinen, das buddhistische »Nicht-Anhaften« sei ein Symbol für »Gleichgültigkeit«. Dem ist aber
nicht so. Es besteht einfach darin, eine Distanz zu wahren gegenüber den eigenen oberflächlichen Erwägun-
gen, die den einen zum Freund und den anderen zum
Feind bestimmen, einschließlich aller Gefühle, die sich
daraus ergeben. Diese Art von Nicht-Anhaften ist eigentlich das Gegenteil von Gleichgültigkeit gegenüber
anderen. Es ist der Boden, auf dem echtes Mitgefühl
sich aufbaut – jenes Mitgefühl, das man unvoreingenommen für alle Lebewesen empfindet.

Wahre uneigennützige Liebe und Mitgefühl hängen also nicht davon ab, wie andere sich verhalten oder uns begegnen. Idealerweise wünschen wir allen Wesen Glück und eine Befreiung vom Leid. In der Realität fällt es den meisten von uns allerdings nicht leicht, sich anderen Menschen stets vorbehaltlos zu öffnen sowie mitfühlend und altruistisch zu handeln. Zu sehr lassen wir uns von unseren allzu menschlichen Neigungen, unseren Anhaftungen und Wünschen steuern. Doch wir sollten uns immer wieder darum bemühen, negativen Gefühlen wie Gier, Zorn und Neid voller Entschlossenheit positive Gefühle wie Großzügigkeit, Güte und Wohlwollen entgegenzusetzen. Wenn wir eine grundlegend gütige Haltung entwickeln, können wir das buddhistische Prinzip des Mitgefühls und der selbstlosen Liebe im Alltag so weit wie möglich verwirklichen. Dafür müssen wir keineswegs erleuchtet sein.

Eine solche Ausrichtung mindert nicht nur das Leid anderer, sondern altruistisches Verhalten führt auch bei uns selbst zu Zufriedenheit und Glück. Denn das Glück des Einzelnen ist stets mit dem Wohlergehen der anderen verwoben. Es gibt kein von allen anderen losgelöstes egoistisches Glück. Nur durch die stetige Entwicklung von Liebe, Verständnis und Güte lassen sich tiefe Erfüllung und wahres Glück erzielen.

Fürchte dich nicht, Gutes zu tun,
denn es gibt einen zweiten Ausdruck für Glück,
für all das, was schön und wunderbar ist,
und dieser heißt »Gutes tun«.

Er, der gut leben will,
auf Dauer Segen spenden will,
übe sich in Großzügigkeit, in Ruhe
und hege den Wunsch, Gutes zu tun.

Geübt in diesen drei Dingen,
in diesen drei Segen spendenden Tugenden,
lebt der Weise ohne jedes Bedauern,
und seine Welt ist von Glück erfüllt.

BUDDHA

Selbstliebe

Gib alles Trennende auf
und erfülle deinen Geist ganz mit Liebe.
Lass diese Liebe sich in alle vier Richtungen
der Welt ausbreiten, sodass sie
den ganzen weiten Raum ausfüllt.
Lass diese Liebe vollkommen und grenzenlos sein,
sodass sie überall in Fülle vorhanden ist.

BUDDHA

Buddha fordert uns klar dazu auf, alle Grenzen zu überwinden und unserer Liebe immer mehr Raum zu geben, damit sie sich ungehindert ausbreiten kann. Dieses Gefühl der Liebe sollten wir auch uns selbst zuteilwerden lassen.

Wenn wir anderen Menschen mitfühlend und liebevoll begegnen möchten, müssen wir zunächst uns selbst lieben. Denn wer sich selbst ablehnt, kann auch anderen keine Liebe entgegenbringen. Wir sollten uns das stets bewusst machen und darauf achten, unsere Selbstliebe zu fördern, da sie die Basis für ein positives Selbstbild und Zuversicht ist.

Wir stärken unsere Selbstliebe, indem wir zunächst Mitgefühl und Verständnis für uns selbst entwickeln. Zudem sollten wir uns – so wie auch allen anderen Menschen – Zufriedenheit und Glück wünschen, anstatt zu oft mit unseren Schwächen zu hadern. Wenn wir uns wertschätzend begegnen, uns unsere Unzulänglichkeiten verzeihen und uns unsere Stärken und positiven Eigenschaften in Erinnerung rufen, schenkt uns das Energie und Selbstvertrauen und fördert damit auch unsere Selbstliebe.

Andere Menschen wahrhaftig erkennen

Ich wünschte, du könntest
meine wahre Natur erkennen.
Jenseits meines Körpers und meiner Namen
ist ein Fluss der Zärtlichkeit und Verletzlichkeit.
Jenseits von Stereotypen und Etiketten
gibt es ein Tal der Offenheit und Authentizität.
Jenseits der Erinnerung und der Anschauung
ist ein Ozean der Offenheit und des Mitgefühls.

HAEMIN SUNIM

Wie oft verkennen wir Menschen, sehen nicht ihr wahres Wesen, sondern nehmen sie nur oberflächlich wahr? Und wie häufig sind wir so von uns selbst vereinnahmt, dass wir anderen nicht sensibel, mit feinen Antennen begegnen, sondern sie vielmehr mit unseren eigenen Geschichten und momentanen Befindlichkeiten überschütten? Wie oft lassen wir wahre Begegnungen nicht zu, sondern verlegen uns im Gespräch auf Smalltalk, auf Klatsch und Tratsch? In diesem ständigen Geplapper werden feinsinnigere Wahrnehmungen und Empfindungen einfach weggedrückt beziehungsweise überlagert. Allzu schnell sind wir dabei, andere in eine Schublade zu stecken, sehen nicht, wie vielfältig die Welt ihrer Gedanken ist, wie unendlich groß ihr Potenzial und wie tief die Empfindungen ihrer Seele. Möglicherweise geben wir ihnen in der Begegnung zu wenig Raum, da wir sie mit unseren eigenen starren, vorgefassten Meinungen befeuern, sodass sie sich nicht wirklich öffnen können, sondern sich uns gegenüber schnell abgrenzen und eine Verteidigungshaltung einnehmen. Dabei hätten sie uns wahrscheinlich so viel zu sagen. Wenn wir vorurteilsfrei auf sie zugehen und ihnen die Möglichkeit geben würden, sich wahrlich zu äußern, ohne sich sofort bewertet zu fühlen, könnten sie es wagen, uns ihre Verletzlichkeit zu zeigen. Und sie wären viel eher in der

Lage, sich uns vertrauensvoll und gleichzeitig mitfühlend zu öffnen. Auf diese Weise kann es zu einem wahren Austausch und einer ehrlichen menschlichen Begegnung kommen.

Eine tiefe Verbindung schaffen

Ebenso wie man die Linie als eine Abfolge
von Punkten begreift, kann unser Leben als
eine Abfolge des Hier und Jetzt angesehen werden.
Wenn wir wiederum die grundlegende Eigenschaft
des gegenwärtigen Augenblicks begreifen,
nämlich dass dieser niemals wiederkehren wird,
können wir uns die große Bedeutung
der Zen-Haltung vergegenwärtigen.

MEISTER TAISEN DESHIMARU

Ehrliche herzliche Umarmungen mit anderen Menschen tun uns gut. Sie schenken uns Geborgenheit, Liebe und Trost. Sie vermitteln uns ein Gefühl der Zugehörigkeit und des Angenommenseins. Wir spüren die Präsenz des anderen, der sich mit ausgebreiteten Armen im wahrsten Sinne des Wortes vertrauensvoll für uns öffnet, uns hält und uns dadurch zu verstehen gibt, dass wir angenommen sind.

In der Hektik unseres Alltags können Umarmungen sehr flüchtig sein, fast automatisch ablaufen, weil wir es eben gewohnt sind, bestimmte Menschen etwa zur

Begrüßung oder zum Abschied in die Arme zu nehmen. Dabei sind wir häufig gar nicht bei der Sache und denken an alle möglichen anderen Dinge. Etwa daran, dass die Kinder bald von der Schule abgeholt und die Einkäufe noch erledigt werden müssen oder dass das Auto noch zur Reparatur gebracht werden muss. Oder wir plappern gleich auf den anderen ein und überschütten ihn mit Fragen oder Neuigkeiten, die wir ihm dringend erzählen möchten.

Wir können jede Umarmung aber auch zu einem unvergleichlichen Moment werden lassen, wenn wir mit unseren Gedanken vollkommen bei der Sache sind und unsere Aufmerksamkeit einmal nur darauf ausrichten.

Denken Sie das nächste Mal, wenn Sie einen lieben Menschen in die Arme nehmen, daran, ganz bei ihm zu sein. Werden Sie sich Ihrer Atmung bewusst, kommen Sie so in Ihre eigene Mitte und atmen Sie ein paarmal ruhig ein und aus, während Sie den anderen umarmen. Genießen Sie diesen Moment der Ruhe, so als gäbe es für diesen kurzen Augenblick nichts anderes, als wären Sie beide eine Insel der Ruhe, abgeschirmt gegen die Hektik des Alltags oder der Umgebung. Öffnen Sie Ihr Herz für den anderen Menschen. Seien Sie gleichzeitig tief und ruhig mit Ihrem Inneren als auch mit dem anderen verbunden.

Nehmen Sie ihn intensiv wahr, laden Sie ihn voller Wärme in Ihr Herz ein und lassen Sie ihn auf diese Weise wissen, dass Sie ganz für ihn da sind. Vielleicht bemerken Sie, dass auch der andere sich für Sie öffnet, wenn er Ihre ruhige, herzliche, gesammelte Ausstrahlung wahrnimmt. Genießen Sie diesen kostbaren innigen Moment zu zweit, in dem Sie vollkommen im Hier und Jetzt sind.

Erinnern Sie sich auch künftig immer wieder daran, Ihre Aufmerksamkeit ganz auf eine Umarmung zu richten, wenn der Moment es zulässt.

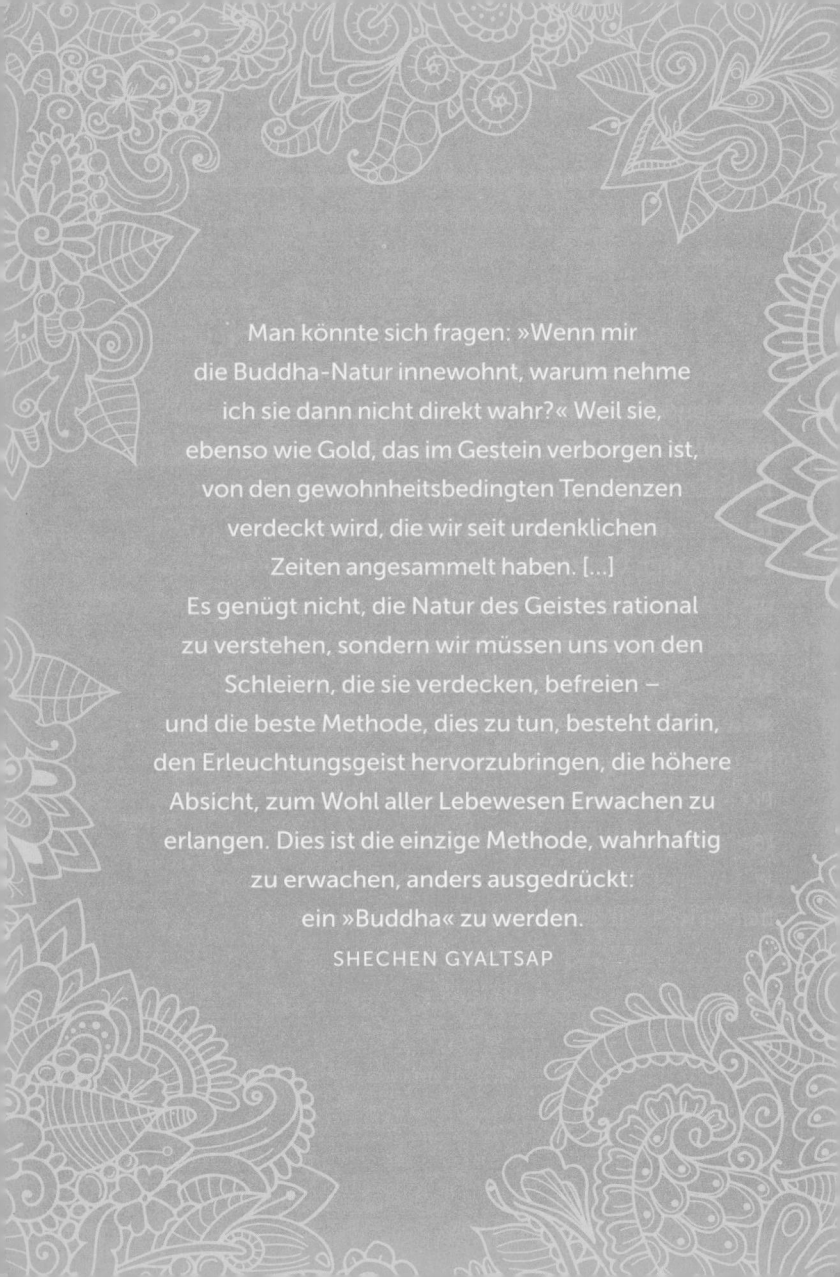

Man könnte sich fragen: »Wenn mir
die Buddha-Natur innewohnt, warum nehme
ich sie dann nicht direkt wahr?« Weil sie,
ebenso wie Gold, das im Gestein verborgen ist,
von den gewohnheitsbedingten Tendenzen
verdeckt wird, die wir seit urdenklichen
Zeiten angesammelt haben. [...]
Es genügt nicht, die Natur des Geistes rational
zu verstehen, sondern wir müssen uns von den
Schleiern, die sie verdecken, befreien –
und die beste Methode, dies zu tun, besteht darin,
den Erleuchtungsgeist hervorzubringen, die höhere
Absicht, zum Wohl aller Lebewesen Erwachen zu
erlangen. Dies ist die einzige Methode, wahrhaftig
zu erwachen, anders ausgedrückt:
ein »Buddha« zu werden.
SHECHEN GYALTSAP

Der Weg der Befreiung

Nach buddhistischem Verständnis ist unser Leben unglaublich kostbar, da wir in der überaus glücklichen Lage sind, als Menschen geboren worden zu sein. Unsere Zeit hier auf der Erde bietet uns daher die großartige Chance, den Weg der Befreiung zu beschreiten und das uns innewohnende Potenzial zu entfalten. Allerdings bleibt dieses häufig unerkannt, da die meisten Menschen sich dessen nicht bewusst sind. Der buddhistischen Lehre zufolge hat jeder von uns eine »Buddha-Natur«, die es zu entdecken und zu entwickeln gilt. Das Potenzial zur Erleuchtung ist demnach in uns allen bereits vorhanden. In diesem Zusammenhang begegnen wir wieder dem Bild des Schatzes, der in uns selbst zu finden ist: Laut Buddhismus sind wir wie ein Bettler, der keine Ahnung hat, dass unter seiner ärmlichen Behausung ein wertvoller Schatz vergraben liegt. Demnach sollten wir uns unserer wahren Natur gewahr werden und den Weg zur Verwirklichung unserer Buddhaschaft einschlagen. Unsere Aufgabe besteht folglich darin, die geistigen Schleier der Verwirrung und Verblendung aufzulösen und die uns innewohnende Buddha-Natur freizulegen. Dies kann uns unter anderem durch die Schulung des Geistes, zum Beispiel durch die Praxis von Achtsamkeit und Meditation, gelingen. So entwickeln wir uns auf unserem spirituellen Weg weiter und bringen unser Potenzial immer mehr zur Entfaltung.

Nach der Lehre des Mahayana-Buddhismus besteht das höchste Ziel darin, sich als erleuchteter Boddhisattva für das Wohl aller Wesen einzusetzen.

Das Glück der anderen

Solange der unermessliche Raum Bestand hat
und solange es empfindende Wesen gibt,
möge auch ich ausharren,
um das Leid aus der Welt zu verbannen.
SHANTIDEVA

In der Tradition des Mahayana-Buddhismus, der vor allem in der Mongolei, China, Japan, Korea, Tibet und Vietnam praktiziert wird, strebt man nicht allein zum eigenen Wohl nach Befreiung, um aus dem ewigen Daseinskreislauf von Tod und Wiedergeburt auszubrechen und in das Nirwana einzugehen. Der Pfad zur Verwirklichung der eigenen Buddhaschaft ist vielmehr vom sogenannten Erleuchtungsgeist geprägt. Dabei handelt es sich um die altruistische Motivation, ein »Boddhisattva« zu werden und die eigene Erleuchtung zum Heil aller fühlenden Wesen einzusetzen. Als Boddhisattva gelobt man, erst dann ins endgültige Nirwana einzugehen, wenn alle Wesen ebenfalls die Befreiung erreicht haben. Dies bedeutet eine Abkehr von jeglichem Egoismus und ist auf das Glück aller Mitgeschöpfe ausgerichtet.

Shantideva, ein weiser Mönch, der an der berühmten buddhistischen Nalanda-Universität in Indien unterrichtete – einem der größten Lehrzentren der Antike –, verfasste zahlreiche Schriften zum Ideal des Boddhisattva. Er verdeutlicht, dass egoistisches Handeln stets zu Leid, eine wohlwollende Ausrichtung auf andere dagegen zu Freude und Glück führt:

Was immer an Freude ist in der Welt,
entspringt dem Wunsch,
andere glücklich zu sehen,
und was immer an Leid ist in der Welt,
entspringt dem Wunsch
nur selbst glücklich zu sein.

Damit erteilt er uns eine klare Handlungsanweisung für unser Leben: Wir sollten Selbstlosigkeit entwickeln und so dazu beitragen, dass möglichst viel Leid vermieden wird, selbst wenn wir uns nicht auf dem Pfad der Erleuchtung befinden oder solange wir diese nicht erreicht haben. Diese Haltung ist im Buddhismus fest im Prinzip des Mitgefühls und der liebenden Güte verankert (s. a. S. 103).

Das Leben ist kostbar

Jeder Moment unseres Lebens ist unendlich kostbar. Dennoch lassen wir die Zeit, die uns noch bleibt, wie Goldstaub zwischen den Fingern zerrinnen. Was gibt es Traurigeres, als am Ende seines Lebens mit leeren Händen dazustehen? Wir sollten in der Lage sein, den unschätzbaren Wert jeder Sekunde unseres Lebens zu erkennen. Seien wir so klug und entschließen wir uns, es bestmöglich zu nutzen – zu unserem eigenen Wohl wie auch zum Wohl der anderen. Vor allem sollten wir die Illusion ausräumen, wir hätten noch das »ganze Leben vor uns«. Dieses Leben vergeht wie ein Traum, der jeden Moment unterbrochen werden könnte. Konzentrieren wir uns also unverzüglich auf das Wesentliche, damit wir in unserer Todesstunde nicht von Reue zerfressen werden. Es ist nie zu früh, unsere inneren Qualitäten zu entwickeln. MATTHIEU RICARD

Der Buddhismus weist uns nicht nur darauf hin, wie kostbar unser Leben aufgrund des in uns schlummernden Potenzials ist, das zur Verwirklichung unserer Buddha-Natur führen kann (s. S. 116). Er führt uns überdies eindringlich vor Augen, wie wertvoll es aufgrund seiner Vergänglichkeit ist. So sind die stete Veränderung und Auflösung aller Erscheinungen zentrale Themen, denen wir immer wieder begegnen.

Wenn wir über die Vergänglichkeit nachdenken, machen wir uns bewusst, dass unser Leben begrenzt ist. Wir wissen nicht, wann wir sterben werden, tun aber so, als hätten wir unendlich viel Zeit. Sobald wir uns intensiv vor Augen führen, dass der Tod uns jederzeit ereilen könnte, schenken wir dem Leben größere Aufmerksamkeit und erinnern uns eher daran, unsere Zeit bewusst zu nutzen.

Die Konfrontation mit der eigenen Vergänglichkeit hat daher etwas Lebensbejahendes. Wir fragen uns konsequenter, auf welche Weise wir unsere Zeit hier auf der Erde verbringen wollen. Wie wollen wir sie – im Rahmen unserer Möglichkeiten – gestalten? Was ist uns wirklich wichtig? Welche Dinge sind für uns sinngebend und erfüllend? Was möchten wir erreichen, und wovon sollten wir uns möglicherweise trennen, um das Leben lohnend und wertvoll zu machen?

Befreien wir uns angesichts unserer eigenen Begrenztheit und Vergänglichkeit von unnötigem Ballast! Wenden wir uns den Dingen zu, die uns wahrhaftig etwas bedeuten, ohne uns ständig auf einen späteren

Zeitpunkt zu vertrösten, weil wir immer zu beschäftigt und eingespannt sind.

Der Buddhismus hält uns dazu an, erfüllt zu leben, jeden Moment möglichst bewusst wahrzunehmen und wertzuschätzen sowie das Glück anderer Menschen zu fördern. Wenn wir uns darauf ausrichten, können wir selbst dem Tod gelassen entgegensehen und müssen am Ende unseres Lebens kaum etwas bereuen, da wir uns den wichtigsten und wertvollsten Dingen gewidmet haben.

Zu Beginn sollte man sich von der Angst
vor dem Tod so verfolgt fühlen wie ein Hirsch,
der aus einer Falle entkommen konnte.
Nach der Hälfte des Weges sollte man
wie ein Bauer, der sein Feld mit Sorgfalt
bestellt hat, nichts bedauern müssen.
Am Ende sollte man glücklich sein wie jemand,
der eine große Aufgabe bewältigt hat.

GAMPOPA

Auflösung des Selbst

Was wir uns angewöhnt haben, »ich« zu nennen, wird sich bei unserem Tod auflösen wie ein Regentropfen, der ins Wasser fällt. Der Regentropfen kehrt ins Meer zurück. Das Meer, das ist die Ewigkeit, die immer schon begonnen hat, schon jetzt, in diesem Leben. Das Meer enthält das Wasser, aus dem der Tropfen besteht. Er war nie vom Meer getrennt und wird es niemals sein.

Der Reinkarnationsgedanke drückt nur die eine Hälfte der Wahrheit aus: Ja, das Leben, das jeder Einzelne von uns lebt, endet nicht mit dem Tod. Aber das heißt nicht, dass die Illusion des Ichs überlebt. Diesen Tropfen gibt es nur einmal. Wenn er sich auflöst, ist er verschwunden für immer. Doch das Wasser, aus dem er bestanden hat, existiert weiter. Aus ihm entstehen neue Tropfen. Immer und immer wieder. ABT MUHO

Der Buddhismus empfiehlt uns, den Tod bereits im Leben anzunehmen und die Angst davor zu überwinden. Es gehört sicherlich zu den größten Aufgaben, die eigene Vergänglichkeit zu akzeptieren und unseren Körper sowie die Vorstellung von unserem Selbst loszulassen.

Dennoch gehört auch dieses Loslassen zum Weg der Befreiung dazu.

Abt Muho vergleicht das Ich und den Reinkarnationsgedanken in seinem wunderschönen obigen Zitat mit einem Regentropfen, der ins Meer zurückkehrt. Dieses Bild bringt uns die buddhistische Vorstellung des flüchtigen Selbst sehr schön näher. Einerseits scheint das Ich greifbar, es scheint eine gewisse Individualität zu haben, während es – so wie der Regentropfen – existiert. Andererseits ist es überaus flüchtig und löst sich wie der Tropfen auf, der am Ende im riesengroßen Meer aufgeht, aus dem er einst entstanden ist und aus dem immer wieder neue Tropfen hervorgehen. Dieser Vergleich veranschaulicht die Auflösung unseres Ich sowie den unaufhörlichen Kreislauf aus Werden und Vergehen, der erst mit dem Erreichen des Nirwana ein Ende nimmt.

Wo Ende und Ursprung
miteinander verschmelzen

Es gibt nicht die Welt der Lebenden und,
am anderen Ufer, die Welt der Toten.
Letztere ist genau derselbe Seinszustand,
den wir nur vergessen, zu dem wir keinen Zugang mehr
haben. Der Tod führt uns
zur ewigen Gegenwart der Welt zurück,
zu ihrem Anfang, der niemals endet.

DRUKPA RINPOCHE

Da wir der buddhistischen Lehre zufolge so lange im Daseinskreislauf wiedergeboren werden, bis wir die Erleuchtung erreichen, ist der Tod lediglich eine Grenze, die zugleich ein Ende und einen Neubeginn in sich vereint. Wie anhand des Zitats des tibetischen Meisters Drukpa Rinpoche deutlich wird, haben wir lediglich den Zugang zur Welt jenseits der Grenze verloren. Diese Vorstellung kann angesichts unserer eigenen Sterblichkeit sowie beim Verlust eines nahestehenden Menschen sehr tröstlich sein. Schließlich beinhaltet sie die Möglichkeit, zu höheren Ebenen der Existenz aufzusteigen und mit der Verwirklichung der Buddha-Natur ins Nirwana einzugehen. Wem es gelingt, die Anhaftung an das eigene Selbst vollkommen aufzugeben, der wird Buddha zufolge die Befreiung erleben.

Wer wird über diese Welt hinausgelangen? Wer wird das Reich des Todes und auch den Götterhimmel hinter sich lassen? Wer erlangt den strahlenden Pfad der Wahrheit?

Niemand anderer als du. Wie ein Blumensammler schließlich die seltenste und schönste Blume findet, so wirst du die Wahrheit der Lehre pflücken und diese Welt hinter dir lassen.

Wenn du erkennst, dass dieser Körper nur wie Gischt auf einer Woge ist, unwirklich wie eine Fata Morgana, wirst du die Blütenpfeile des Anhaftens zerbrechen. Der Herr des Todes wird dich nicht finden, und du folgst unbeirrt weiter dem Pfad.

Der Duft von Sandelholz, Lilien und Jasmin kann dem Wind nicht standhalten, du aber kannst es. Der Duft heilsamer Handlungen breitet sich in alle Richtungen aus, bis ans Ende der Welt.

Wie prächtig blüht der Lotus in dem Unrathaufen neben der Straße, sein süßer Duft macht das Herz leicht.

So wirst du, der Erwachte, die Dunkelheit um dich herum erhellen und den süßen Duft der Weisheit verströmen.

BUDDHA

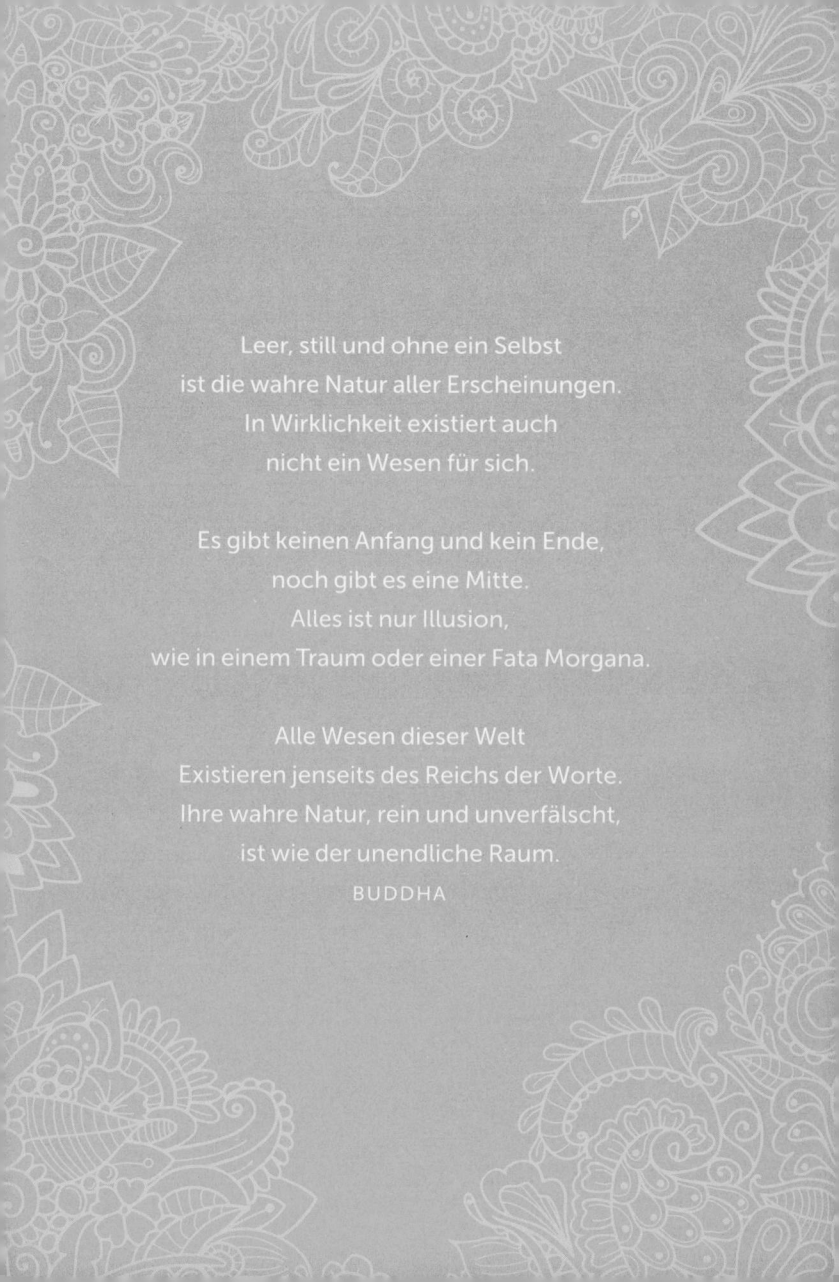

Leer, still und ohne ein Selbst
ist die wahre Natur aller Erscheinungen.
In Wirklichkeit existiert auch
nicht ein Wesen für sich.

Es gibt keinen Anfang und kein Ende,
noch gibt es eine Mitte.
Alles ist nur Illusion,
wie in einem Traum oder einer Fata Morgana.

Alle Wesen dieser Welt
Existieren jenseits des Reichs der Worte.
Ihre wahre Natur, rein und unverfälscht,
ist wie der unendliche Raum.

BUDDHA

Anhang

Liste der genannten Personen

Chen-chün (1857–1920), geboren in der Mandschurei. Verfasser bedeutender kulturgeschichtlicher Monografien.

Meister Nan Huai Chin (1918–2012), chinesischer buddhistischer Lehrer, Dichter und Kalligraf.

Dalai Lama, d. i. Tenzin Gyatso (geb. 1935), einer der spirituellen Führer des tibetischen Buddhismus, der als Reinkarnation des 13. Dalai Lama sowie als Boddhisattva und damit als Erleuchteter gilt. Als Boddhisattva widmet er sich dem Wohl aller fühlenden Wesen der Welt.

Meister Taisen Deshimaru, gründete 1971 den Zen-Dojo in Paris und lehrte dort bis zu seinem Tod im Jahr 1982.

Gampopa (1079–1153), Arzt und einflussreicher Lehrer des tibetischen Buddhismus der Kagyu-Linie.

Gyalwa Godragpa (1170–1249), Meister des tibetischen Buddhismus.

Bhante Henepola Gunaratana (geb. 1927 in Sri Lanka), buddhistischer Mönch, der seit den 1960er-Jahren in den USA lebt.

Liou Kia-hway, zeitgenössischer Übersetzer und Kenner taoistischer Werke wie dem ›Tao Te King‹.

Konfuzius (um 551–479 v. Chr.). Der chinesische Philosoph vertrat die Ansicht, dass der Mensch nach Harmonie mit der Welt streben sollte, um so das Ideal des »Edlen« zu verwirklichen, der Gleichmut entwickelt, moralisch handelt und im Gleichgewicht ist. Dieses Ideal kann er erreichen, da er in der Lage ist zu erkennen und zu lernen.

Jack Kornfield (geb. 1945) ist Psychologe, Buddhist und Autor. Er gilt als einer der bedeutendsten Vermittler von Achtsamkeit in der westlichen Welt.

Jiddu Krishnamurti (1895–1986), indischer Philosoph.

Laotse, chinesischer Philosoph, der im 6. Jahrhundert v. Chr. gelebt haben soll. Er gilt als Begründer des Taoismus und Verfasser des ›Tao Te King‹.

Mengzi (um 370–290 v. Chr.), chinesischer Philosoph und bedeutender Nachfolger von Konfuzius.

Fabrice Midal (geb. 1967), französischer Philosoph und Gründer der École occidentale de méditation.

Abt Muho (geb. 1968), deutscher Zen-Meister.

Thich Nhat Hanh (geb. 1926), vietnamesischer buddhistischer Mönch und Achtsamkeitslehrer.

›Quingjing jing‹ – Die Schrift über Reinheit und Ruhe, eines der bedeutendsten taoistischen Werke, dessen Verfasser man nicht mit Sicherheit bestimmen kann.

Matthieu Ricard (geb. 1946), war früher Molekular-biologe und wurde dann buddhistischer Mönch, Autor und Übersetzer tibetischer Texte. Er ist u. a. offizieller Übersetzer des Dalai Lama.

Drukpa Rinpoche (gestorben 1989), tibetischer Meister und enger Vertrauter des Dalai Lama, der diesem 1959 ins Exil nach Nordindien folgte und sich in den 1970er-Jahren in einem Kloster in Nepal niederließ.

Kodo Sawaki (1880–1965), japanischer Zen-Meister.

Shabkar (1781–1851), wandernder Yogi und Dichter aus Tibet.

Shantideva, geboren im frühen 8. Jahrhundert, unter-richtete als Mönch an der großen buddhistischen Universität im indischen Nalanda und verfasste bedeutende Werke des Mahayana-Buddhismus zum Thema des Boddhisattva.

Shechen Gyaltsap, d. i. Pema Namgyel (1871–1926). Dieser Weise des tibetischen Buddhismus war der vierte Shechen Gyaltsap und verfasste zahlreiche Werke.

Haemin Sunim (geb. 1973), südkoreanischer Zen-Mönch, Autor und Vortragsredner.

Chang Tsao, chinesischer Maler des 12. Jahrhunderts.

Pema Wangyal Rinpoche, geb. 1947 in Tibet, ist ein buddhistischer Meister, der in Frankreich lebt und dort unter anderem dreijährige Retreats leitet.

Zhuangzi (365–290 v. Chr.), chinesischer Philosoph und Verfasser eines der Hauptwerke des Taoismus, das wie sein Autor ›Zhuangzi‹ heißt.

Hong Zicheng, chinesischer Meister aus dem 17. Jahrhundert.

Quellenverzeichnis

Die in diesem Buch verwendeten Zitate stammen aus den folgenden Werken.

Martina Darga: Tao. Wege der taoistischen Lebens-
kunst. O. W. Barth, München 2010 (darin: Quingjing
jing – Die Schrift über Reinheit und Ruhe)
Danielle und Olivier Föllmi: Die Weisheit Asiens –
Tag für Tag. Knesebeck, München 2007 (darin:
Laotse, Zhuangzi, Meister Nan Huai Chin, Meister
Taisen Deshimaru, Chang Tsao, Hong Zicheng,
Liou Kia-hway)
Ganz schön Konfuzius. Literarische Weisheiten.
arsEdition, München 2017
Iris und Jochen Grün: Do – der Weg. Die Weisheit
Asiens. AT Verlag, München 2005 (darin: Laotse,
Chen-chün)
Sandy Taikyu Kuhn Shimu: Das Tao der Worte. Zen-
Geschichten, die das Herz und den Geist bewegen.
Schirner Verlag, Darmstadt 2013
Lebensweisheit des Buddha. Hrsg. v. Eva-Maria
Kulmer, Diederichs Verlag, München 1999
Fabrice Midal: Die innere Ruhe kann mich mal.

Meditation radikal anders. dtv Verlagsgesellschaft, München 2018

Abt Muho: Ein Regentropfen kehrt ins Meer zurück. Warum wir uns vor dem Tod nicht fürchten müssen. Berlin Verlag, Berlin 2016 (darin: Kodo Sawaki)

Yarito Niimura: Zen. Geschichten alter Meister. Herder, Freiburg 2013

Matthieu Ricard: Meditation. Aus d. Französischen v. Astrid Schünemann-Williot und Michael Wallossek. Knaur, München 2011 (darin: Pema Wangyal Rinpoche, Bhante Henepola Gunaratana, Gampopa)

Ders.: Weisheit. Die Essenz des tibetischen Buddhismus entdecken. Aus d. Französischen v. Claudia Seele-Nyima. Knaur, München 2013 (darin: Gyalwa Godraqpa, Dalai Lama, Shabkar, Shechen Gyaltsap)

Drukpa Rinpoche: Tibetische Weisheiten. dtv Verlagsgesellschaft, München 1999

Haemin Sunim: Die schönen Dinge siehst du nur, wenn du langsam gehst. Ins Deutsche übertragen v. Claudia Seele-Nyima. Illustrationen v. Youngcheol Lee. Scorpio Verlag, München 2017

Thich Nhat Hanh: Ärger – Befreiung aus dem Teufelskreis destruktiver Emotionen. Goldmann Arkana, München 2002

Ders.: Ich pflanze ein Lächeln. Goldmann Arkana, München 2007

Die Weisheit Asiens. Das Lesebuch aus China, Japan, Tibet, Indien und dem Vorderen Orient. Ausgewählt und zusammengestellt v. Michael Günther. Diederichs Verlag, München 1999 (darin: Die Suche nach Shambala)

Weisheiten des Buddha. Hrsg. v. Anne Bancroft. dtv Verlagsgesellschaft, München 2002

Weitere Leseempfehlungen

Jack Kornfield: Stille finden in einer lauten Welt. Mein Weg der Achtsamkeit. Aus d. Englischen v. Elisabeth Liebl. Goldmann, München 2017

Laotse: Tao Te King. Das Buch vom Sinn und Leben. Aus d. Chinesischen übersetzt und mit einem Vorwort v. Richard Wilhelm. Heinrich Hugendubel Verlag, München 2004

Bettina Lemke: Der kleine Taschenbuddhist. dtv Verlagsgesellschaft, München 2009

Dies.: Das kleine Buch vom Waldbaden. In Balance durch die Kraft der Natur. Scorpio Verlag, München 2018

Dies.: Entdecke dein Ikigai. Mit japanischer Weisheit den Sinn des Lebens finden. dtv Verlagsgesellschaft, München 2019

Shunryu Suzuki: Zen-Geist, Anfänger-Geist. Theseus, Berlin 2001

Alan Watts: Der Lauf des Wassers. Eine Einführung in den Taoismus. Suhrkamp, Frankfurt am Main 1992

R. L. Wing: Der Weg und die Kraft. Tao te king. Droemer Knaur, München 1987

Zhuangzi: Das klassische Buch daoistischer Weisheit.
Krüger, Frankfurt a. M. 1998

Dank

Ich danke dem Verlag dtv für die erneute wunderbare Zusammenarbeit bei diesem Buch. Mein besonderer Dank geht an Stefan Ulrich Meyer für die Ursprungsidee und an Katharina Festner für die Vermittlung sowie dafür, dass wir immer wieder die Gelegenheit haben, neue Projekte zu entwickeln. Sehr herzlich bedanke ich mich auch bei Brigitte Hellmann für das umsichtige Lektorat sowie bei Nadine Clemens für die gelungene Gestaltung, die dem Inhalt einen überaus stimmigen Rahmen verleiht.

INSPIRATION
FÜR DIE
WESTENTASCHE